나무꽃의 비밀

나무꽃의 비밀

초판 4쇄 발행일 2025년 9월 29일
초판 1쇄 발행일 2022년 9월 15일

지은이 신영준
펴낸이 이원중

펴낸곳 지성사 출판등록일 1993년 12월 9일 등록번호 제10-916호
주소 (03458) 서울시 은평구 진흥로 68, 2층
전화 (02) 335-5494 팩스 (02) 335-5496
홈페이지 www.jisungsa.co.kr 이메일 jisungsa@daum.net

ⓒ 신영준, 2022

ISBN 978-89-7889-505-7 (73480)

잘못된 책은 바꾸어 드립니다. 책값은 뒤표지에 있습니다.

나무 꽃의 비밀

신영준 지음

식물 이야기꾼 신영준 교수와 함께하는
꽃의 비밀 들여다보기

지성사

이 책을 읽기 전에

어느 날, 우주선이 지구에 도착합니다. 외계인이 우주선에서 나와 처음으로 땅 위에 발을 내디딥니다. 그에게 어떤 세상이 펼쳐졌을까요? 아마 그의 눈에는 온통 식물이 가득할 것입니다. 지구에 사는 생물 가운데 식물이 가장 큰 비중을 차지하고 있으니 말입니다. 육지에서 인간이 차지하는 비율은 약 0.1퍼센트, 동물은 약 0.4퍼센트입니다. 그에 비해 식물이 차지하는 비율은 82퍼센트나 되지요. 식물은 동물과 비교해 200배 이상 많습니다. 만일 외계인이 자신의 친구들에게 지구 행성을 표현한다면 그는 지구를 '식물 행성'이라고 말할 것입니다.

식물은 인간에게 많은 것을 제공합니다. 산소를 주고, 음식을 마련하며, 목재나 약재로도 쓰이고, 동물의 먹이가 되기도 합니다. 그뿐만 아니라 식물은 인간에게 편안한 안식처가 되어 마음을 풍요롭게 해 줍니다. '아낌없이 주는 나무'처럼 식물은 인간에게 주거나 쓰는 데 아까워하는 마음이 없습니다.

이처럼 고마운 존재인 식물을 우리는 얼마나 알고 있을까요? 고개를 돌리면 사방에서 쉽게 마주치는 식물을 보며 꽃은 왜 이런 모양인지, 이런 모양이 식물에 어떤 이점을 주는지 궁금하지 않았나요? 식물에 조금만 관심을 가지면 느낄 수 있는, 예를 들어 식물의 이름은 무엇인지, 그 이름은 어

떻게 지어졌으며 뜻은 무엇인지와 같은 질문들이 머리를 스쳐 갈 것입니다.

그 질문들을 해결하려면 어떻게 해야 할까요? 나태주 시인은 「풀꽃」이란 시에서 "자세히 보아야 예쁘다. 오래 보아야 사랑스럽다"라고 했습니다. 식물을 자세히, 오래 보아야 합니다. 인간의 눈높이가 아닌, 식물의 눈높이에서 식물을 바라보면 그 참모습을 발견할 수 있습니다. 무엇보다 식물을 알아야 합니다. 식물의 속사정을 알고 나면 식물을 깊이 이해할 수 있습니다. 그러면 식물의 아름다움이 다시 보입니다. 식물이 전하는 자연의 이치에 감탄할 수도 있습니다. 그런 감정은 식물에 고스란히 전해져 인간과 식물이 공존할 수 있게 해 주지요.

『나무 꽃의 비밀』은 그러한 공존을 위해 만들어졌습니다. 이 책에는 여러분이 주변에서 흔히 찾아볼 수 있는 식물의 모양, 생존 방식, 이름, 이름의 뜻 등을 다루고 있습니다. 책을 읽는 동안 여러분은 식물을 더 잘 알게 되고 그 아름다움을 느끼며 감동을 받을 수 있습니다. 그리고 그 감동은 여러분을 꽃처럼 아름다운 자연의 세계로 데려갈 것입니다.

마지막으로 이 책이 세상 밖으로 나올 수 있도록 도움을 주신 현진오 박사님(한국식물분류학회 회장), 박지환 선생님(시흥 능곡초), 신다인 선생님(시흥 승지초), 경인교대 목공실 김영주 선생님, 과학과 박래석 선생님께 감사드립니다. 또한 지성사 이원중 대표님 및 편집진과 출간의 의미를 함께합니다. 그럼 지금부터 식물 행성을 탐험해 볼까요?

신영준

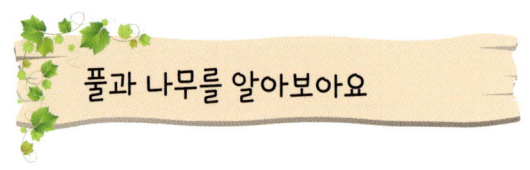
풀과 나무를 알아보아요

풀에서 피는 꽃과 나무에서 피는 꽃은 서로 차이가 있을까요? 사실 풀이나 나무에서 피는 꽃은 모두 자손의 번식을 담당하는 생식 기관으로 근본적으로는 차이가 없답니다. 모란과 작약은 같은 집안(작약과)에 속하는 식물로 꽃의 형태는 거의 비슷하지만 모란은 나무라고 하고, 작약은 풀이라고 하지요.

작약(풀꽃)   모란(나무 꽃)

그럼 풀과 나무는 어떻게 구분할까요? 키가 작으면 풀이고, 키가 크면 나무일까요? 그렇지는 않습니다. 어떤 나무는 키가 아주 작아서 10여 센티미터밖에 안 되지만, 풀인 바나나는 몇 미터를 훌쩍 넘기니 말입니다. 과연 풀과 나무는 무엇이 다를까요?

첫째, 줄기가 다릅니다. 우리가 나무라고 부르는 것에는 딱딱한 줄기가 있습니다. 봄, 여름, 가을, 겨울을 거쳐 다시 봄이 될 때 어떤 나무는 잎을 떨어뜨리지만, 모든 나무의 줄기는 여전히 굳건히 버티고 있다가 다시 자랍니다. 이에 비해 한 해만 사는 풀은 식물체 모든 부분이 생존을 멈추고, 여러 해를 사는 풀은 살아 있더라도 땅속에 뿌리만 남긴 채 땅 위의 잎과 줄기가 모두 말라 버립니다.

둘째, 생장하는 방식이 다릅니다. 나무는 해를 거듭하여 자라면서 굵어질 수 있습니다. 굵기를 더 키우는 부위(형성층이라고 해요)가 계속 기능하기 때문입니다. 이렇게 다음 해에도 부피를 늘리는 생장을 2차 생장이라고 합니다. 한마디로 나무는 2차 생장을 한다는 뜻이지요. 이에 비해 풀은 형성층이 일 년밖에 기능하지 못해 일 년 단위로 생장합니다. 그렇다면 대나무는 풀일까요, 나무일까요? 대나무는 이름과 키, 생김새 외에도 여러 해를 사는 것으로 볼 때 나무라고 오해하기 쉬운데 나무가 아닙니다. 대나무는 나무처럼 2차 생장을 하지 않고 기존에 만들어진 것들이 좀 더 치밀해지면서 커지지요.

셋째, 나이테의 있고 없음이 다릅니다. 사계절이 비교적 뚜렷한 우리나라 환경에서 나무는 봄부터 가을까지 많이 생장하고 가을부터 다음 해 봄까지는 생장을 거의 하지 않습니다. 이 때문에 생장을 많이 하여 연해 보이는 부분과 생장을 거의 하지 않아 진해 보이는 부분이 반복되어 나타나지요. 이렇게 연한 부분과 진한 부분이 해를 거듭하면서 테를 형성한 것이 나이테인데 풀은 나무와 달리 나이테가 생기지 않는답니다.

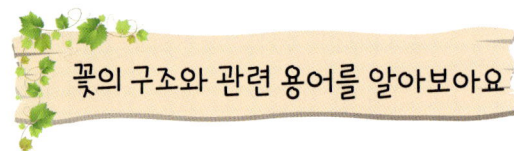

꽃의 구조와 관련 용어를 알아보아요

꽃은 하나의 어린 줄기가 모양이 크게 변하면서 만들어진 것으로 식물에 따라 모양과 색깔, 향기 등이 서로 다르답니다. 그렇지만 기본 구조는 비슷해서 암술, 수술, 꽃잎, 꽃받침 등으로 구성되며, 열매와 씨를 맺지요.

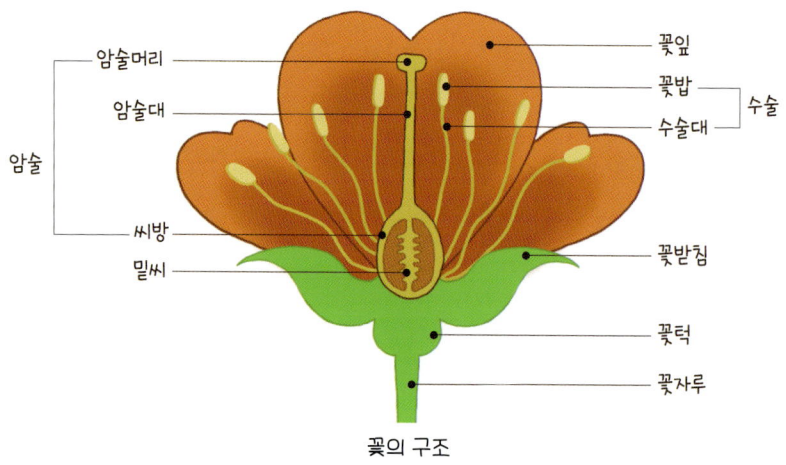

꽃의 구조

- **가루받이** 수술의 꽃가루가 암술머리에 달라붙는 것을 말합니다.
- **갈래꽃과 통꽃** 꽃잎이 낱낱이 갈라져 있는 꽃을 갈래꽃(예: 백목련)이라 하고, 꽃잎이 통으로 붙어 있는 꽃을 통꽃(예: 진달래)이라고 해요. 갈래꽃이 통꽃보다 더 원시적인 형태로 지구상에 먼저 나타났답니다.

갈래꽃(백목련)   통꽃(진달래)

- **갖춘꽃과 안갖춘꽃** 암술, 수술, 꽃잎, 꽃받침이 모두 있는 꽃을 갖춘꽃이라 하고, 이 가운데 한 가지라도 빠져 있으면 안갖춘꽃이라고 해요.
- **거** 꽃부리나 꽃받침 일부가 뒤쪽으로 마치 발톱처럼 튀어나와 있는 구조를 말해요. 흔히 속이 비어 있거나 꿀샘이 있지요.
- **꽃대** 꽃자루가 하나 또는 여러 개 달리는 줄기를 말해요.
- **꽃받침** 가장 바깥쪽에서 꽃잎을 받치는 부분으로 여러 장의 조각으로 이루어져 있어요. 꽃받침은 일종의 작은 잎으로 대체로 녹색을 띠어요. 꽃받침이 꽃잎과 구별되지 않는 것을 합쳐 꽃덮이라고 하고, 낱낱의 조각을 꽃덮이 조각이라고 합니다. 꽃부리든 꽃받침이든 어느 한쪽이 없는 것도 꽃덮이라고 해요.
- **꽃밥** 수술 끝에 붙은 꽃가루와 그것을 싸고 있는 꽃가루주머니를 통틀어 이르는 말입니다.
- **꽃봉오리** 꽃이 피지 않고 아직 망울만 맺힌 상태를 말해요.
- **꽃싸개** 꽃자루 아래를 받치고 있는 비늘 모양의 잎을 꽃싸개(포엽)라고 해요. 꽃싸개는 꽃이 피면 떨어져요.
- **꽃이삭** 한 개의 꽃대에 이삭 모양으로 무리 지어 피는 꽃이에요.
- **꽃잎** 수술과 암술을 감싸는 부분입니다. 꽃잎 전체를 모두 합친 것을 꽃부리라고 해요.
- **꽃줄기** 꽃이 달리는 긴 줄기예요.
- **꽃턱** 암술, 수술, 꽃잎, 꽃받침과 같은 꽃의 각 기관이 붙어 있는 부분으로 꽃을 받치는 자루인 꽃자루의 맨 끝에 달려 있어요. 꽃자루는 벚꽃이나 나리꽃처럼 있는 경우도 있고, 목련꽃처럼 없는 경우도 있답니다. 꽃턱과 꽃자루를 이어 주는 연결 부위를 꽃받기라고 해요.
- **비늘줄기** 양분을 많이 저장해서 통통해진 비늘 모양의 잎이, 짧은 줄기 둘레를 여러 겹으로 둘러싼 땅속줄기를 말해요.
- **설상화와 통상화** 해바라기나 코스모스에서 볼 수 있는 것처럼 바깥쪽을

둘러싼 혀 모양 꽃을 설상화 또는 혀꽃이라 하고, 설상화 안쪽에 모인 꽃부리가 가늘고 긴 통(관) 모양의 꽃을 통상화(관상화) 또는 대롱꽃이라고 해요.

해바라기

- **수술** 암술 주변에 자리 잡고 있으며, 꽃가루를 만드는 꽃밥과 이것을 받치는 수술대로 이루어져 있어요.
- **암술** 꽃의 중심에 자리 잡은 암술은 암술머리, 암술대, 씨방의 3부분으로 이루어집니다. 암술머리는 암술의 가장 윗부분을 가리키며, 이 암술머리에서 수술의 꽃가루를 받아 가루받이가 일어나지요. 암술대는 암술머리와 씨방을 연결해 주는 부분으로 아래쪽의 씨방에는 장차 씨가 될 밑씨가 들어 있답니다.
- **외떡잎식물** 꽃 피는 식물인 속씨식물은 크게 외떡잎식물과 쌍떡잎식물로 나눌 수 있어요. 떡잎이란 씨앗에서 싹이 트면서 최초로 나오는 잎을 말하는데 이 잎은 우리가 평소에 보는 잎과는 형태가 다르고 양분을 저장하고 있어요. 외떡잎식물은 떡잎이 하나인 식물이고, 쌍떡잎식물은 떡잎이 두 장인 식물입니다.
- **잎겨드랑이** 줄기와 잎자루 사이의 위쪽 모서리 부분을 말해요.
- **잎자루** 잎사귀를 줄기나 가지에 붙게 하는 꼭지 부분이에요.
- **작은떨기나무** 관목(키가 작고 중심 줄기가 분명하지 않으며 밑동에서 가지를 많이 치는 나무) 가운데 키가 아주 작은 나무를 가리켜요.
- **종자** 수정된 밑씨가 자란 것으로 씨 또는 씨앗이라고도 해요.
- **중성화** 수술과 암술이 모두 퇴화하여 없는 꽃이에요. 종자를 만들 수 없어서 무성화라고도 불립니다.

- **총포(모인꽃싸개)** 꽃을 받치는 밑동에 비늘 모양으로 짧게 발달한 작은 잎을 가리켜요.
- **홑꽃과 겹꽃** 하나의 꽃잎으로 이루어진 꽃을 홑꽃이라 하고, 여러 겹의 꽃잎으로 이루어진 꽃을 겹꽃이라고 해요.

홑꽃(접시꽃)   겹꽃(접시꽃)

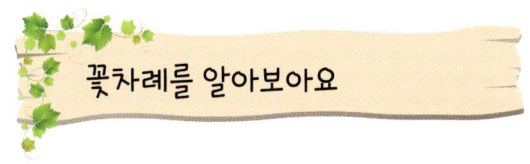

꽃차례를 알아보아요

꽃이 나는 순서나 배열을 꽃차례라고 해요. 꽃차례는 꽃이 위에서 아래로 피는 경우와 아래에서 위로 피는 경우 두 가지로 크게 나눌 수 있어요. 위에서 아래(또는 중앙에서 가장자리로)로 피면 꽃이 달리는 데 한계가 있어 유한 꽃차례라 하고, 아래에서 위로 피면 꽃자루가 자라는 것을 따라 무한히 피기에 무한 꽃차례라고 한답니다.

- **홑꽃차례** 위에서 아래로 꽃이 피며, 가지나 꽃대 끝에 한 개의 꽃이 피는 꽃차례예요(예: 연꽃).
- **기산**(岐: 갈림 기, 繖: 우산 산) **꽃차례** 위에서 아래로 꽃이 피며, 꽃대 꼭대기에 하나의 꽃이 피고 그 아래 양쪽에 꽃자루가 하나씩 생겨 그 끝에 꽃이 피고 또 그 아래로 꽃자루가 생겨 여러 층으로 우산처럼 피는 꽃차례입니다(예: 닭의장풀).

• **모두 송이 꽃차례** 아래에서 위로 꽃이 피며, 긴 꽃대에 꽃자루가 있는 여러 개의 꽃이 어긋나게 붙어서 피는 모양의 꽃차례예요. 그림에서 번호는 꽃 피는 순서를 나타낸 것입니다(예: 꽃다지).

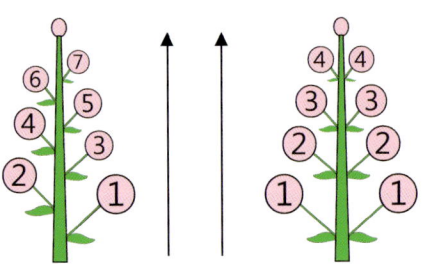

• **이삭 모양 꽃차례** 아래에서 위로 꽃이 피며, 가늘고 긴 꽃대 둘레에 꽃자루 없는 꽃들이 이삭 모양으로 촘촘히 달라붙는 모양의 꽃차례예요(예: 질경이).

질경이

밤나무

• **꼬리 모양 꽃차례** 아래에서 위로 꽃이 피며, 가늘고 긴 꽃대에 암꽃 또는 수꽃이 꼬리처럼 아래로 늘어진 모양의 꽃차례입니다(예: 밤나무).

• **수평 꽃차례** 가장자리에서 중앙으로 꽃이 피며, 바깥쪽 꽃의 꽃자루는 길고 안쪽 꽃은 꽃자루가 짧아서 위가 평평한 모양의 꽃차례입니다(예: 마타리).

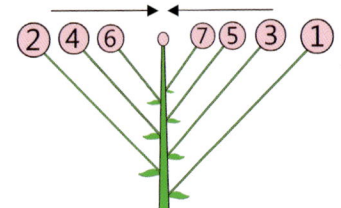

마타리

- **우산 모양 꽃차례** 한 지점에서 꽃이 달리며, 꽃자루가 있는 꽃들이 꽃대 끝에 방사상으로 모여 달리는 우산 모양의 꽃차례예요. 가장자리에서 중앙으로 꽃이 피어나는 무한꽃차례와 중앙에서 가장자리로 피어나는 유한꽃차례가 있어요(예: 생강나무).

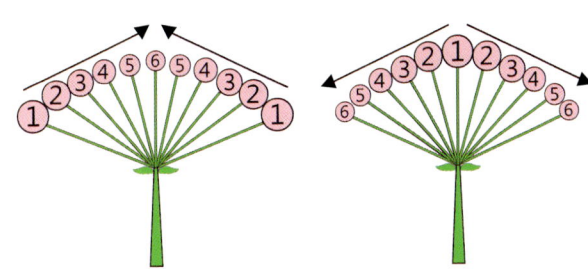

구절초

- **머리 모양 꽃차례** 가장자리에서 중앙으로 꽃이 피며, 꽃자루 없는 꽃들이 넓적한 꽃받기(화탁)에 촘촘히 붙어 머리 모양을 이루는 꽃차례입니다. 대표적인 것이 국화과 식물로 가장자리에 혀 모양 꽃이, 중앙 부위에 대롱 모양 꽃이 피어요(예: 구절초).

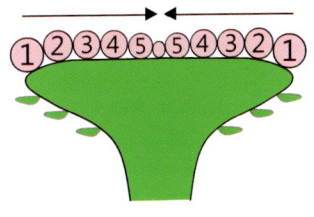

쥐똥나무

- **원뿔 꽃차례** 각각의 꽃차례가 여러 개로 갈라져 전체적으로 원뿔 모양을 이루는 꽃차례로 여러 개의 모두 송이 꽃차례나 이삭 모양 꽃차례, 우산 모양 꽃차례 등이 전체적으로 원뿔을 이루지요(예: 쥐똥나무).

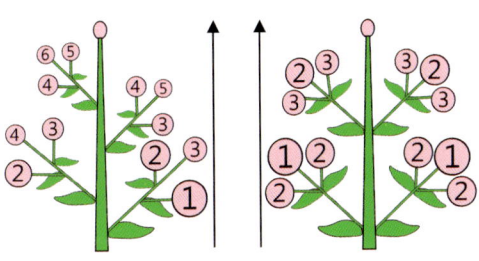

이 책을 읽기 전에 • 4
풀과 나무를 알아보아요 • 6
꽃의 구조와 관련 용어를 알아보아요 • 8
꽃차례를 알아보아요 • 11

비밀의 주인공 01
봄의 전령 매실나무(매화나무) • 18

비밀의 주인공 02
신선이 먹는다는 산수유 • 21

비밀의 주인공 03
세계적으로 한 종밖에 없는
미선나무 • 24

비밀의 주인공 04
봄의 시작을 알리는 개나리 • 27

비밀의 주인공 05
산에서 가장 먼저 봄을 알리는
생강나무 • 30

비밀의 주인공 06
아름답고 단아한 백목련 • 34

비밀의 주인공 07
누구나 시인이 되게 하는 진달래 • 37

비밀의 주인공 08
나무 밑을 걷고 싶게 하는 왕벚나무 • 40

비밀의 주인공 09
조밥을 튀겨 놓은 듯한 조팝나무 • 44

비밀의 주인공 10
고향의 봄을 생각나게 하는
복사나무(복숭아나무) • 47

비밀의 주인공 11
4월의 봄 향기
라일락(서양수수꽃다리) • 51

비밀의 주인공 12
밥알이 다닥다닥 박태기나무 • 54

비밀의 주인공 13
화려한 미모를 자랑하는 철쭉 • 57

비밀의 주인공 14
매화인 듯 매화가 아닌 듯 황매화 • 61

비밀의 주인공 15
꽃의 왕 모란 • 64

비밀의 주인공 16
흰 쌀이 다닥다닥 이팝나무 • 68

비밀의 주인공 17
꽃인 듯 꽃이 아닌 듯 화살나무 • 71

비밀의 주인공 18
봉황이 둥지를 튼다는 참오동나무 • 74

비밀의 주인공 19
무엇이든 감고 올라가는 등나무 • 77

비밀의 주인공 20
꽃 색이 연분홍 새색시의 볼 같은
모과나무 • 80

비밀의 주인공 21
꽃이 호리병을 닮은 붉은병꽃나무 • 83

비밀의 주인공 22
커다란 등불을 밝힌 듯한
큰꽃으아리 • 86

비밀의 주인공 23
손가락이 일곱 개 칠엽수 • 89

비밀의 주인공 24
부처님의 마음으로 불두화 • 92

비밀의 주인공 25
동구 밖 과수원길 아까시나무 • 95

비밀의 주인공 26
장미의 원조 찔레나무 • 99

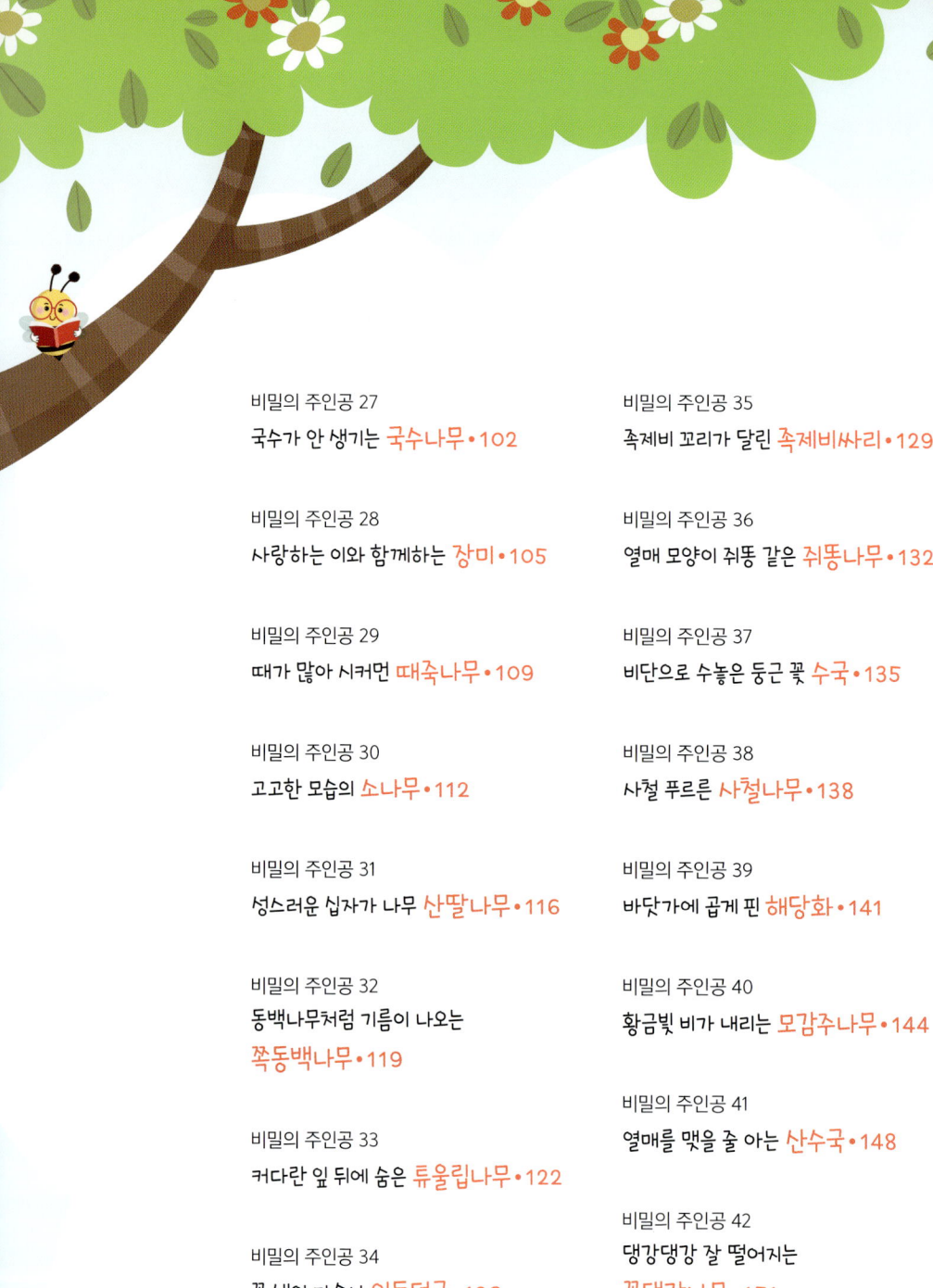

비밀의 주인공 27
국수가 안 생기는 국수나무 • 102

비밀의 주인공 28
사랑하는 이와 함께하는 장미 • 105

비밀의 주인공 29
때가 많아 시커먼 때죽나무 • 109

비밀의 주인공 30
고고한 모습의 소나무 • 112

비밀의 주인공 31
성스러운 십자가 나무 산딸나무 • 116

비밀의 주인공 32
동백나무처럼 기름이 나오는
쪽동백나무 • 119

비밀의 주인공 33
커다란 잎 뒤에 숨은 튤립나무 • 122

비밀의 주인공 34
꽃 색의 마술사 인동덩굴 • 126

비밀의 주인공 35
족제비 꼬리가 달린 족제비싸리 • 129

비밀의 주인공 36
열매 모양이 쥐똥 같은 쥐똥나무 • 132

비밀의 주인공 37
비단으로 수놓은 둥근 꽃 수국 • 135

비밀의 주인공 38
사철 푸르른 사철나무 • 138

비밀의 주인공 39
바닷가에 곱게 핀 해당화 • 141

비밀의 주인공 40
황금빛 비가 내리는 모감주나무 • 144

비밀의 주인공 41
열매를 맺을 줄 아는 산수국 • 148

비밀의 주인공 42
댕강댕강 잘 떨어지는
꽃댕강나무 • 151

비밀의 주인공 43
밤에 자는 **자귀나무** • 154

비밀의 주인공 44
여러모로 쓰임새가 많은 **실유카** • 158

비밀의 주인공 45
하늘을 향해 뻗는 **능소화** • 161

비밀의 주인공 46
학자의 꿈을 키워 주는 **회화나무** • 164

비밀의 주인공 47
삼천리 화려 강산 **무궁화** • 167

비밀의 주인공 48
간지럼을 잘 타는 **배롱나무** • 171

비밀의 주인공 49
온 세상을 뒤덮는 **칡** • 174

비밀의 주인공 50
누린내 나는 **누리장나무** • 178

부록
_ 비밀 들여다보기 • 183

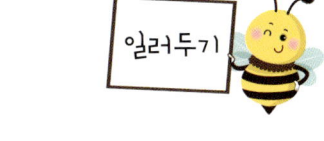

* 우리 주변에서 볼 수 있는 나무 꽃 50가지가 이 책에 나오는 '비밀의 주인공'들이에요. 이른 봄에 꽃이 피는 개체부터 시기별로 소개했어요.

* 풀과 나무의 차이, 꽃의 구조와 관련 용어, 꽃차례 등 미리 알고 보면 좋을 내용은 책 앞쪽에서 설명했어요.

* '비밀의 주인공'들에 숨은, 관찰하고 비교하고 생각하고 알아보았으면 하는 부분은 '비밀 속으로'에서 각각 짚었고, 그에 대한 풀이를 책 뒤쪽의 '비밀 들여다보기'에 실었어요.

* 외래어 표기는 국립국어원의 표기 원칙에 따랐으나, 고유 이름으로 굳은 명칭은 그대로 두었어요.(예: 튜울립나무)

* 책 제목은 『 』, 작품 제목은 「 」로 나타냈어요.

비밀의 주인공 01

봄의 전령
매실나무(매화나무)

분류: 장미과
만날 수 있는 때: 2~4월

매화를 보면 누구나 시인이 되고 누구나 화가가 된답니다. 이른 봄에 매화는 세상이 바뀌었음을 널리 전하는 꽃으로 찾아옵니다. 일찍이 사람들은 매화를 꽃보다는 매실이라는 열매로 친숙해졌을지 모릅니다. 때로는 피로 해소의 음료수로, 때로는 매실청을 내거나 매실주의 재료로 쓰였기 때문입니다. 요즘은 많은 사람이 매실이라는 열매 못지않게 꽃으로 관상하는 즐거움을 맛보곤 한답니다. 꽃을 주인공으로 삼는 이들은 매화나무로 부르는 것을 더 좋아하고, 먹거리를 생각하는 사람들은 매실나무로 부르는 것을 더 좋아할 것입니다. 여러 가지로 쓰임새가 있다는 뜻이지요. 매화의 한자어인 梅(매)에는 신맛이 난다는 의미도 있는데 이 글자에는 어머니를 뜻하는 어미 母(모)가 포함되어 있습니다. 어머니들이 아이를 잉태하면 신 것이 먹고 싶고, 그 신맛을 제공하던 것이 매실이어서 매실나무라는 이름이 붙었다고 하네요.

꽃받침이 붉은빛을 띠었어요.

매실 열매가 탐스럽게 맺혔어요.

꽃은 흰색이나 엷은 붉은색으로 피어나며, 꽃잎은 5장으로 잎보다 먼저 피어납니다. 불그스레한 색을 띤 꽃받침이 있고, 꽃자루는 매우 짧아 거의 없는 것처럼 보입니다. 꽃 안쪽을 들여다보면 꽃잎보다 짧은 수술이 아주 많이 있는데 이 수술들이 마치 암술을 빙 둘러싼 울타리처럼 보입니다.

추운 겨울을 이겨 내고 살포시 얼굴을 내밀며 은은한 향기를 내뿜는 매화를 보고 우리 조상들은 사군자의 첫머리에 등록해 놓았답니다. 그런데 매화와 꽃 모양이 비슷한 식물이 있습니다. 바로 살구나무와 벚나무입니다. 매실나무, 살구나무, 벚나무를 구별하기란 사실 그리 쉽지는 않습니다. 이 세 종류의 나무에서 피어나는 꽃을 자세히 살펴보고 서로 다른 점을 찾아보면 어떨까요?

 **비밀 속으로**

같은 매실나무에서 피어난 꽃 세 송이를 골라 각각의 꽃에서 수술의 수와 수술이 퍼져 있는 모양을 자세히 관찰해 보세요. 세 송이의 꽃에 있는 수술의 수는 같을까요, 아니면 다를까요?

(⇨비밀 들여다보기 184쪽)

비밀의 주인공 02

신선이 먹는다는
산수유

분류: 층층나무과
만날 수 있는 때: 3~4월

봄을 알리는 산수유는 노란색 꽃이 잎보다 먼저 나옵니다. 산수유 열매를 신선이 먹는다고 하는데 꽃이 있어야 열매도 생기는 법이니 산수유 꽃은 신선 만날 날을 고대하면서 꽃을 피워 내는 셈이네요. 산수유라는 말은 어디에서 나왔을까요? 산수유에서 수(茱)는 열매가 빨갛게 익는다는 뜻이고, 유(萸)는 열매를 생으로 먹을 수 있다는 뜻으로 중국에서 건너온 이름이라 할 수 있답니다. 산수유는 중국 후한 말기에 서로 맞서 있던 세 나라 중 한 나라인 오나라에서 기원한다고 하여 오수유(吳茱萸)라고도 불렸지요. 산수유로 유명한 곳은 전남 구례인데 거의 1,000년 전쯤 중국 산둥성에서 구례로 시집온 사람이 가져와서 심었다는 이야기도 들립니다.

봄에 작은 꽃들이 뭉쳐나요.

가을에 길쭉한 빨간색 열매가 달려요.

산수유의 노란 꽃을 가만히 들여다보면 20~30송이가량의 작은 꽃들이 오밀조밀 뭉쳐서 피어나 있음을 알 수 있습니다. 서로를 아끼고 서로에게 의지가 되기 위해 뭉치듯이 산수유의 작은 꽃들도 서로 뭉친 채 함께 모여 있답니다. 비록 꽃 하나하나가 너무 작아서 그 안에 무엇이 들었을까 걱정이 들지도 모르겠지만 그래도 있을 건 다 있지요. 꽃대 끝의 꽃 밑동을 보면 비늘 모양의 조각들이 꽃 아래를 감싸고 있는데 이를 꽃싸개 잎이라고 합니다. 이 꽃싸개 잎은 4장이 있고, 노란색을 띱니다. 꽃은 대략 일 센티미터의 꽃대 위에 붙어 있으며, 꽃잎은 4장으로 수술은 4개, 암술은 한 개가 달린 것을 확인할 수 있습니다.

산수유의 노란 꽃이 우리에게 아름다움을 주는 것에 뒤질세라 가을의 빨간 열매는 많은 혜택을 주고 있답니다. 때로는 즙으로, 차로 그리고 어른들의 술이나 한방의 중요한 약재로 우리 곁에 다가와 있지요.

 **비밀 속으로**

산수유의 잎이 달리기 전에 피는 꽃과 잎이 달린 후에 피는 꽃이 지닌 꿀의 양은 서로 차이가 날 거예요. 꽃 크기를 기준으로 어느 쪽의 꿀의 양이 더 많을까요? 또 그렇게 생각한 이유는 무엇인가요?

(➡비밀 들여다보기 184쪽)

비밀의 주인공 03

세계적으로 한 종밖에 없는
미선나무

분류: 물푸레나무과
만날 수 있는 때: 3~4월

우리나라에만 자생하는 식물 하면 무엇이 떠오르나요? 일찍이 우표에도 등장했던 미선나무를 들 수 있답니다. 미선나무는 충북 괴산과 영동, 전북 부안의 특산품으로 이 지역들의 집단 서식지는 천연기념물로 보호받고 있으며, 멸종 위기종으로 지정되어 있어요. 그런데 왜 이름이 미선나무일까요? 미선나무의 '미선'은 한자로 꼬리 미(尾), 부채 선(扇)을 가리킵니다. 그렇다면 미선이란 무엇일까요? 사극을 보면 임금님 옆에서 시녀들이 햇빛 가리개로 사용하는 부채가 나오는데 그것이 바로 미선이랍니다. 미선나무 열매가 그 부채를 닮아 미선나무라는 이름을 얻었던 것입니다.

부채 모양의 미선나무 열매

꽃은 종 모양의 통꽃으로 개나리와 비슷하지만, 색깔이 희고 개나리와 달리 은은한 향기가 난답니다. 개나리보다 조금 일찍 피는 편이고요. 서양인들은 미선나무를 '흰개나리'라고 부르지요. 꽃부리가 4갈래로 갈라져 있고, 꽃받침도 4갈래로 갈라져 있답니다. 꽃 안쪽으로 수술 2개와 암술 한 개가 있으며, 가을에 둥그런 부채처럼 생긴 열매를 맺는답니다.

한국에서만 자생하던 미선나무는 지금은 세계적으로 유명해졌습니다. 1920~1930년대에 영국의 큐 가든을 비롯한 유럽의 식물원에 소개되었고, 그곳에서 재배하기도 합니다. 씨로 번식하는데 꺾꽂이로도 번식할 수 있어서 지금은 정원이나 길가에 많이 심어요. 사실 우리나라 어디에 심어도 잘 자랍니다. 이 때문에 요즘은 전국 곳곳에서 미선나무를 비교적 쉽게 찾아볼 수 있답니다. 흰색 외에 상아색, 분홍색 등의 꽃도 있습니다.

 **비밀 속으로**

미선나무는 비교적 쉽게 재배할 수 있어요. 그런데도 왜 미선나무 자생지는 한정되어 있을까요?

(⇨비밀 들여다보기 184쪽)

비밀의 주인공 04

봄의 시작을 알리는
개나리

분류: 물푸레나무과
만날 수 있는 때: 3~4월

"나리 나리 개나리, 입에 따다 물고요~" 누구나 한 번쯤은 불러 보았을 노래입니다. 개나리의 노란 꽃이 피어올랐습니다. 산수유와 함께 개나리는 나무에서 피는 노란 꽃의 대명사이지요. 개나리의 학술적 이름에 'koreana'가 들어갈 정도로 우리나라에서는 흔한 특산 식물이랍니다. 대체로 산수유가 한바탕 절정을 이룬 후 개나리가 피어납니다. 그런데 개나리의 이름에 왜 '개'자가 붙었을까요? 원래 개는 한 등급 아래를 빗대는 표현으로 많이 사용되었다고 하는데 이를 통해 짐작해 보면 나리꽃(백합꽃)보다 아름다움이나 가치가 좀 덜해서 개나리라고 이름 붙였을 것입니다. 참고로 영어 이름은 'golden bell(골든 벨)'입니다. 서양인들은 황금 종을 생각한 모양입니다.

암술이 수술보다 긴 개나리꽃

수술이 암술보다 긴 개나리꽃

개나리꽃은 통꽃으로 4갈래로 갈라져 있습니다. 꽃을 자세히 들여다보면 어떤 것은 특이하게 암술이 수술보다 더 길고, 또 어떤 것은 그 반대로 수술이 암술보다 길답니다. 봄에 이 점을 구분하면서 관찰해 보면 개나리를 그냥 감상할 때보다 더 신날 것입니다. 주변에서 어느 종류의 개나리가 많은지 찾아보세요. 대체로 개나리는 수술이 길고 암술이 짧은 것이 더 많이 관찰된답니다. 이런 종류의 개나리를 사람들이 선호한 탓이겠지요.

어쨌거나 수술이 더 긴 꽃이든, 암술이 더 긴 꽃이든 꽃은 흔히 보는데 열매는 왜 잘 보지 못했을까요? 그것은 사람들이 주로 특정한 종류의 개나리를 골라 심었기 때문이랍니다. 그러다 보니 이 개나리들 사이에서는 가루받이도 안 되고, 결국에는 열매도 맺지 못했을 것입니다. 꽃이 피는 식물은 암술과 수술이라는 장치를 통해 자손을 퍼뜨리는데 이들은 그렇게 하지 않고도 사람들에 의해 쉽게 번식에 성공한 셈이지요. 개나리 관점에서 보면 개나리가 영리하게 인간을 잘 이용하여 번식에 성공했다고 할 수 있습니다.

 **비밀 속으로**

개나리꽃처럼 암술이 수술보다 더 길거나 그 반대로 수술이 암술보다 더 긴 꽃을 피우는 식물은 어떤 이점이 있을까요?

➪비밀 들여다보기 184쪽

비밀의 주인공 05

산에서 가장 먼저 봄을 알리는
생강나무

분류: 녹나무과
만날 수 있는 때: 3~4월

동네 어귀에만 봄의 전령이 찾아오는 것은 아니랍니다. 산에도 노란 꽃을 피우며 봄을 알리는 생강나무가 있습니다. 생강나무도 잎보다 꽃이 먼저 노랗게 피어납니다. 생강나무라고 해서 우리가 양념감으로 이용하는 생강 뿌리를 생각하면 곤란합니다. 그 생강이 아니기 때문이지요. 가지나 잎을 꺾어 코에 대 보았을 때 생강 냄새가 난다고 해서 생강나무라는 이름이 붙었답니다.

생강나무는 암꽃과 수꽃이 서로 다른 나무에 피는 암수딴그루입니다. 암꽃과 수꽃 모두 꽃자루가 짧아 가지에 바짝 붙어 있는 듯한 모습이지요. 꽃잎과 꽃받침이 뚜렷이 구별되지 않을 경우 이 둘을 통틀어 꽃덮이(화피)라고 하는데 생강나무의 수꽃과 암꽃에는 모두 6장으로 된 꽃덮이 조각이 있습니다. 수꽃은 수술 9개가 풍성하게 퍼져 있으며, 전체적으로 마치 파마한 머리 모양이랍니다. 반면에 암꽃은 꽃덮이 안쪽 가운데에 암술대가 불쑥 올라와 있고, 헛수술 9개가 자세히 들여다봐야 보일 정도인데 수꽃보다 듬성듬성 뭉쳐서 달립니다.

흔히 산수유(층층나무과)와 생강나무(녹나무과)의 꽃이 노란색으로 비슷하게 모여 나서 둘을 혼동하는 경우가 많답니다. 그러나 조금만 관심을 기울이면 쉽게 이들을 구별할 수 있어요.

우선 산수유 꽃은 생강나무 꽃에 비해 꽃자루가 길어서 꽃들이 나름 간격을 유지합니다. 그렇지만 생강나무 꽃은 꽃자루가 거의 없어 오밀조밀 모여서 꽃을 피우고, 또 줄기에 바짝 붙어 꽃을 피우지요. 그다음으로 줄기 껍질이 너덜너덜 비늘 조각같이 벗겨져 있으면 산수유이고, 약간 푸른빛의 광택이 나면 생강나무입니다. 마지막으로 산수유 잎은 모양이 기다랗고, 생강나무 잎은 삼지창처럼 3갈래로 갈라져 있답니다. 이제 제대로 구별할 수 있겠지요?

참고로, 기차역 중에 춘천역 가기 전에 김유정역이 있어

생강나무는 꽃자루가 거의 없어 꽃들이 뭉치듯 달려요.

산수유 꽃은 생강나무 꽃에 비해 꽃자루가 길어서 꽃들이 나름 흩어져 달려요.

요. 그 김유정역은 「동백꽃」이라는 소설을 쓴 김유정 선생님 이름을 따서 지은 것이랍니다. 소설 「동백꽃」에는 뜻밖의 비밀이 숨어 있어요. 바로 「동백꽃」에 나오는 동백은 동백이 아니라 생강나무라는 사실입니다. 흔히 여인네들이 생강나무 열매의 기름을 짜서 마치 동백기름처럼 사용했다 하여 강원도 지방에서는 동백나무라 불렸던 것이지요. 언젠가 기회가 되면 김유정역에 내려서 '김유정 문학촌'을 찾아 마당에 심어진 생강나무를 관찰해 보는 것은 어떨는지요.

 **비밀 속으로**

생강나무는 수꽃과 암꽃이 각각 다른 나무에 피는데 곤충들은 이 두 꽃에 모두 모입니다. 이 암꽃과 수꽃은 어떤 방법으로 곤충을 끌어들일까요?

(⇨비밀 들여다보기 185쪽)

비밀의 주인공 06

아름답고 단아한
백목련

분류: 목련과
만날 수 있는 때: 3~4월

4월에 어디를 가도 한결같이 만날 수 있는 것이 하얀 꽃을 피우는 목련입니다. 목련은 나무에서 피어나는 연꽃 같다 하여 목련(木蓮)이라 이름 붙었습니다. 솜털로 무장하고 겨울을 보낸 목련 꽃봉오리가 봄날의 따스한 햇볕을 받아 피려고 할 때를 본 적이 있나요? 남쪽을 향한 부분이 더 빠르게 생장하여 꽃봉오리 끝이 북쪽을 향해 젖혀지면서 꽃이 핀답니다. 사실 우리가 목련이라 부르는 것은 대부분 중국에서 건너온 백목련이고, 한국 자생종 목련은 따로 있습니다. 한국 자생종 목련은 제주도에 살고 있는데 꽃잎 바깥쪽에 붉은 줄이 나 있어요. 꽃잎 안팎이 자주색인 자목련도 있지요. 백목련과 자목련의 교배종인 자주목련은 꽃의 안쪽은 흰색, 바깥쪽은 자주색을 띱니다.

　　아름답고 단아한 목련에는 한 가지 비밀이 숨어 있어요. 꽃 피는 식물 중에서 가장 원시적인 형태라는 점입니다. 중생대 백악기(약 1억 4500만 년 전~6600만 년 전)에 나타나 공룡과 함께 살아왔던 목련은, 지금 공룡은 사라졌지만 여전히 우리 곁을 지키고 있답니다. 목련이 나타날 때 곤충의 세계에는 딱정벌레들이 다양해졌고, 그 뒤로 나비나 꿀벌들이 속씨식물의 진

꽃술은 분화가 덜 된 원시적인 형태를 띠었어요.

화와 함께 등장했어요. 목련은 나비나 벌이 나타나기도 전에 딱정벌레의 도움으로 생명을 이어 온 것이지요.

꽃 한가운데에 기다란 꽃의 각 기관이 붙어 있는 부분을 꽃턱이라고 하는데 목련 꽃은 꽃턱 위에 수십 개의 암술이 달려 있고, 그 밑에 방사형으로 배열된 수술이 잔뜩 둘러싸고 있습니다. 암술과 수술은 성숙하는 시점이 다르답니다. 암술이 먼저 성숙하여 다른 나무의 꽃가루를 받으면 나선형으로 오므라들면서 꽃턱에 달라붙어요. 비록 암술대와 암술머리가 분화되지 않았고, 수술의 꽃밥과 수술대가 분화되지 않은 원시적인 형태이지만 그래도 이들은 서로 만난답니다. 꽃잎과 꽃받침도 분화되지 않아 모양이 비슷하지요. 사실 목련은 꽃잎 6장과 바깥쪽의 꽃받침 3장 등 9장을 합친 꽃이 피며, 꿀샘도 없어 꿀을 제공하지도 않고 씨방도 아직 분화되지 않은 식물이랍니다.

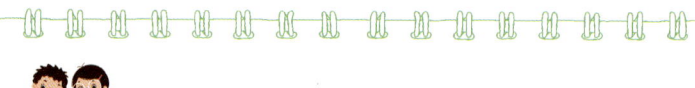

비밀 속으로

목련의 암술과 수술은 서로 성숙 시기가 달라요. 이렇게 성숙 시기의 차이로 목련이 얻을 수 있는 이점은 무엇일까요?

(⇨비밀 들여다보기 185쪽)

비밀의 주인공 07

누구나 시인이 되게 하는
진달래

분류: 진달래과
만날 수 있는 때: 3~4월

37

진달래는 정말 많은 사람이 사랑하는 꽃입니다. 사람마다 방식이 달라서 어떤 사람은 눈으로 보고 즐기는 것으로 사랑하기도 하지만, 어떤 사람은 찹쌀에 화전을 부쳐 먹거나 그냥 꽃을 날것으로 먹으면서 사랑하기도 한답니다. 봄이면 우리나라 산 곳곳에서 볼 수 있는 꽃이기 때문일 것입니다. 진달래라는 이름의 기원에 대해서는 여러 가지 의견들이 있어요. 하나는 우리의 옛 이름인 '진둘외'에서 나온 것으로 '진'은 꽃 색이 진하다는 뜻이고, '둘외'는 들꽃이라는 뜻이랍니다. 또 다른 견해로는 '진'은 '참된, 진짜'의 뜻을 가진 말로 '진달래'란 '진짜(또는 좋은) 달래'라는 것이지요. 어쨌거나 다 좋은 의미랍니다.

꽃은 4월에 잎보다 먼저 피고 가지 끝부분의 곁눈에서 한 송이씩 나오지만, 2~5송이가 모여 달리기도 합니다. 꽃부리는 벌어진 깔때기꼴 통꽃으로 붉은색을 띠며, 겉에 털이 있고 가장자리가 5개로 갈라져 있어요. 수술은 10개로 수술대 밑부분에 털이 있고 수술보다 훨씬 긴 암술이 한 개 있답니다.

분홍색 꽃이 잎보다 먼저 가지 끝에서 피어요.

진달래는 "나의 살던 고향은 꽃 피는 산골/ 복숭아꽃 살구꽃 아기 진달래~"의 노랫말에 그리고 김소월 님의 "나 보기가 역겨워/ 가실 때에는 (중략) 영변에 약산/ 진달래꽃/ 아름 따다 가실 길에 뿌리우리다"의 시 속에 살아 있습니다. 또 수유리 4·19 탑의 "해마다 4월이 오면 접동새 울음 속에 그들의 피 묻은 혼의 하소연이 들릴 것이요, 해마다 4월이 오면 봄을 선구하는 진달래처럼 민족의 꽃들은 사람들의 가슴마다 되살아 피어나리라"라는 이은상 님의 글 속에도 살아 있습니다. 두견새가 밤새 울면서 피를 토해 꽃을 분홍색으로 물들였다는 전설에서 유래된 두견화(진달래) 이름 속에도 살아 있지요. 이처럼 진달래는 단지 꽃이라기보다는 대서사('서사'란 일정한 목적에 맞춰 사상, 감정, 지식 따위를 글이나 그림으로 표현하는 것이에요)로 우리에게 다가온답니다.

 **비밀 속으로**

진달래가 잎보다 꽃을 먼저 피움으로써 얻을 수 있는 이점은 무엇일까요?

(➪비밀 들여다보기 185쪽)

비밀의 주인공 08

나무 밑을 걷고 싶게 하는
왕벚나무

분류: 장미과
만날 수 있는 때: 3~4월

해마다 벚꽃 필 무렵이면 "봄바람 휘날리며 흩날리는 벚꽃잎이 울려 퍼질 이 거리를 둘이 걸어요~"라는 대중가요 속 봄의 선율이 무한 반복되곤 합니다. 벚나무는 우리나라에 20여 종류 이상이 살고 있습니다. 벚나무라는 이름은 어디서 생겨났을까요? 벚나무는 벚('버찌'의 준말이에요)이 열리는 나무라는 뜻에서 나온 이름이라고 합니다. 이때 벚은 검게 익은 벚나무 열매를 가리키는 말이지요.

벚나무 열매인 버찌가 검게 익었어요.

아름다운 벚꽃 중에서도 으뜸은 왕벚나무일 것입니다. 천연기념물로 등재된 왕벚나무의 자생지는 제주도의 신예리와 봉개동, 전남 해남의 대둔산입니다. 최근 왕벚나무의 비밀 하나가 밝혀졌는데 유전자 조사를 통해 왕벚나무는 올벚나무를 모계로 하고 벚나무(또는 산벚나무)를 부계로 하는 자연 교잡종임이 확인되면서 일본왕벚나무와 구별하게 되었답니다.

왕벚나무는 꽃잎이 5장으로 꽃자루는 다른 벚나무속 식물에 비해 긴 편이며, 꽃잎의 한가운데가 약간 갈라져 있습니다. 벚나무속 식물처럼 수술이 많고 암술은 한 개이지요. 특히

천연기념물로 지정된 제주도 봉개동 왕벚나무 자생지에 왕벚나무 꽃이 활짝 피었어요.

 다른 벚나무속 나무들보다 꽃자루가 길어 바람에 나름 리듬감 있게 흔들립니다. 그래서 벚꽃잎이 봄바람에 흐늘거리다가 비처럼 내리는 나무 밑을 걸어가는 것이 벚꽃놀이의 으뜸으로 꼽힌답니다. 벚나무 줄기는 가로로 갈라지는 특징이 있어서 앙상한 가지만 있는 겨울에도 벚나무를 찾을 수 있습니다. 왕벚나무 잎자루 밑에 붙은 한 쌍의 작은 턱잎도 또 다른 특징이지요.

 지금까지 소개한 벚나무속 식물 가운데 매실나무, 살구나무, 왕벚나무를 이제는 구별할 수 있을 것입니다. 한번 구별해 볼까요?

왕벚나무　　　　　매실나무　　　　　살구나무

1) 꽃잎의 중앙 부분이 약간 갈라져 있으며, 꽃자루가 긴 편이다(왕벚나무).

2) 꽃잎 중앙이 갈라지지 않았으나 꽃받침이 꽃잎에 붙어 있다(매실나무).

3) 꽃잎 중앙이 갈라지지 않았으나 꽃받침이 꽃잎과 떨어져 뒤로 젖혀져 있다(살구나무).

 **비밀 속으로**

벚나무 꽃잎이 떨어지고 난 후 돋아나는 잎들의 잎자루에서 턱잎을 찾아보세요. 이 턱잎의 주요 역할은 무엇일까요?

⇨비밀 들여다보기 186쪽

비밀의 주인공 09

조밥을 튀겨 놓은 듯한
조팝나무

분류: 장미과
만날 수 있는 때: 4~5월

봄에 멀리 산을 보니 하얀 솜사탕으로 덮인 듯합니다. 솜사탕이란 바로 눈부시게 하얀 조팝나무의 흰 꽃입니다. 흰 꽃이 온 가지를 덮은 탓에 봄의 강한 햇살을 받으면 눈이 시릴 정도입니다. 관상용으로 많이 심다 보니 강변도로에 수북이 흰 꽃을 단 조팝나무를 쉽게 볼 수 있고, 담장이나 주변의 심을 만한 곳에는 다 심어서 관상용으로 나름 자리를 잡았습니다. 조팝나무라는 이름은 자그마한 꽃들이 다닥다닥 우산 모양으로 무리 지어 피어 있는 모습이 마치 좁쌀로 지은 조밥을 튀겨 붙인 듯하다 하여 붙은 것이라고 합니다.

꽃자루가 우산살처럼 펼쳐져 있어요.

장미과 식물답게 꽃받침과 꽃잎은 5장 있습니다. 꽃받침 조각은 끝이 뾰족하고, 안쪽을 들여다보면 솜털이 있습니다. 꽃이 피는 모양새를 보면 같은 길이의 작은 꽃자루가 꽃대 끝에서 우산살처럼 펼쳐져 4~5송이의 꽃을

꽃잎의 길이는 약 4~6밀리미터로 짧아요.

피운답니다. 수술은 약 20개 정도로 많으며, 암술은 4~5개로 모두 서로 떨어져 있고 수술보다 짧습니다.

세상을 바라보는 관점이 동양과 서양에서 차이가 나는 것 중의 하나가 동물이나 식물의 이름일 것입니다. 우리는 조팝나무를 보고 먹거리를 생각했고, 서양에서는 어여쁜 신부가 머리에 쓰는 흰색 화관을 생각해 '신부의 화관'이란 뜻의 이름을 붙였으니 말입니다. 요즘에는 조팝나무를 꺾꽂이용으로도 사용합니다. 사실 조팝나무는 예전부터 좋은 치료제로 사용되어 왔습니다. 몸의 열을 내릴 때 그리고 말라리아를 치료할 때 뿌리로부터 추출한 물질이 뛰어난 효과를 낸다고 알려졌기 때문이랍니다.

비밀 속으로

조팝나무 꽃을 들여다보면 4~5개의 암술이 수술보다 짧습니다. 암술이 수술보다 길 때와 짧을 때 각각 번식에서 어떤 차이점을 보일까요?

(➪비밀 들여다보기 186쪽)

비밀의 주인공 10

고향의 봄을 생각나게 하는
복사나무(복숭아나무)

분류: 장미과
만날 수 있는 때: 3~4월

"나의 살던 고향은 꽃 피는 산골/ 복숭아꽃 살구꽃 아기 진달래/ 울긋불긋 꽃 대궐 차린 동네/ 그 속에서 놀던 때가 그립습니다." 일제 강점기인 1923년쯤 십 대 소년이었던 이원수 선생님이 쓴 「고향의 봄」 가사에 홍난파 선생님이 곡을 붙인 동요입니다. 백여 년이 지났지만 여전히 '꽃 대궐'에 등장하는 복사꽃은 언제나 사람들에게 고향의 봄을 생각나게 합니다. 복사나무나 복숭아나무는 모두 같은 말이며, 복사는 복숭아의 준말로 풀이합니다. 그럼 복숭아라는 이름은 어떻게 붙었을까요? 복숭아는 원래 순우리말 '복성'이라 불렸고, 여기에 복사꽃을 의미하는 복성+화(花)가 만들어져 이것이 열매까지 뜻하는 복숭아가 되었답니다. 결국에는 발음이 복성화→복숭아로 변화한 것

복사나무 꽃의 앞모습

복사나무 꽃의 뒷모습

복사나무 열매인 복숭아가 열렸어요.

이 오늘날에 이르렀다고 할 수 있어요.

    꽃은 분홍빛이 도는 꽃잎이 5장 있으며, 꽃받침도 5장으로 잎보다 먼저 핍니다. 꽃은 잔가지에 다닥다닥 모여 피는데 나름 전체적으로 아름다움을 선사합니다. 그래서 우리 조상들은 예전에 벚꽃 놀이를 하듯 복사꽃 놀이를 했다는 이야기도 있습니다. 여러 개의 수술이 가지런히 배열되어 있으며, 암술은 한 개 있습니다. 우리가 먹는 열매인 복숭아는 씨방이 발달하여 생긴 것이랍니다. 잎을 보면 잎사귀 아래쪽에 좁쌀처럼 생긴 작은 돌기들이 나 있고, 여기에는 당분이 들어 있지요. 꽃 색은 대체로 연분홍으로 꽃잎이 5장인데 때로는 겹꽃으로 개량하여 관상용으로 심기도 합니다.

　복숭아와 관련된 이야기들은 참 많습니다. 손오공과 천도복숭아(손오공이 9,000년 된 천도복숭아를 몰래 훔쳐 먹었다는 이야기예요), 「삼국지」에 나오는 도원결의(복숭아밭에서 의형제를 맺는다는 뜻이에요), 도연명의 무릉도원(무릉의 복숭아나무가 있는 숲, 곧 이상향을 뜻해요), 신선들이 먹는 불로장생의 과일, 귀신을 쫓는다고 하여 조상신이 못 오실까 봐 제사상에 올리지 않았던 복숭아……. 중국이 고향인 복숭아는 우리나라에는 삼국 시대에 들어왔으니 꽤 일찍 들어온 편이랍니다. 품종이 정말 다양하며, 우리나라 과수원에서 재배하는 사과나무, 감나무, 귤나무, 포도나무와 함께 5대 과일 중의 하나입니다.

 **비밀 속으로**

복사나무의 잎자루 끝에는 작은 돌기가 나 있어요. 당분이 들어 있는 이 작은 돌기는 어떤 역할을 할까요?

(⇨비밀 들여다보기 186쪽)

비밀의 주인공 11

4월의 봄 향기
라일락(서양수수꽃다리)

분류: 물푸레나무과
만날 수 있는 때: 4~5월

수수꽃다리는 라일락과 거의 비슷하게 생겼지만 꽃잎이 뒤로 살짝 젖혀 있고 잎 모양이 조금 달라요.

우리나라에서는 꽃이 흰색인 라일락을 많이 심어요.

ⓒ국립생물자원관(원작자: 유미철)

4월 중순쯤 어디선가 좋은 꽃향기가 강하게 풍겨 온다면 그것은 아마도 라일락일 것입니다. 라일락은 봄에 꽃이 피는 식물 중에서 그 향기의 진함이 으뜸일 것입니다. 꽃향기를 즐기고 싶다면 뜰에 이 라일락을 심으면 됩니다. 라일락은 유럽이 고향인 식물로 온대 지방 곳곳에 살고 있습니다. 우리 고유의 수수꽃다리를 생각하여 서양수수꽃다리로 불리기도 하는데 이 이름보다는 라일락이라는 이름으로 더 널리 불립니다. 수수꽃다리라는 예쁜 이름은 어떻게 생겨났을까요? 그 꽃 모양이 수수와 비슷하여 '수수 꽃 달리(수수+꽃+달+이)는 나무'의 의미로 수수꽃다리란 이름이 붙었다고 합니다.

꽃 색은 정말 다양한데 그중에서 보라색, 붉은색, 청색, 흰색 등이 유명합니다. 꽃은 윗부분이

4갈래로 갈라져 있으며, 아랫부분은 가늘고 긴 통 모양입니다. 눈에 잘 띄지 않지만 꽃부리 안쪽의 짧은 수술대에 수술이 2개 있고, 암술은 한 개 있습니다. 전체적으로 꽃들은 원뿔 모양으로 무리를 지어 피어납니다. 짙은 녹색의 라일락 잎에는 비밀이 숨어 있답니다. 라일락 잎을 윗니와 아랫니 사이에 끼우고 이를 악물어 잎에서 나오는 맛을 느껴 보세요. 그 맛이 바로 첫사랑의 맛이라는데 과연 어떤 맛일까요?

　　라일락 하면 항상 미국에서 품종 개량한 '미스킴라일락'을 생각하는 사람들이 많습니다. 1945년 해방 직후 미 군정기에 미국의 식물학자가 도봉산의 털개회나무(물푸레나무과 수수꽃다리속) 종자를 미국으로 가져가 육종하여 당시 식물 채집 분류를 도왔다는 '미스 김'을 식물 이름에 붙여 미스킴라일락이 탄생했다고 합니다.

 **비밀 속으로**

우리나라가 고향인 수수꽃다리와 라일락(서양수수꽃다리)은 잎의 모양이 조금 차이가 납니다. 잎을 관찰한 뒤 그것이 수수꽃다리인지 라일락인지 구별해 보세요.

(⇨비밀 들여다보기 187쪽)

비밀의 주인공 12

밥알이 다닥다닥
박태기나무

분류: 콩과
만날 수 있는 때: 4~5월

잎도 없이 한 무더기 진보라색 꽃봉오리가 뭉텅이로 달린 모습이 꼭 밥알이 다닥다닥 붙어 있는 듯합니다. 그래서 이 나무의 이름을 마치 밥알(밥티기)이 달린 듯하다 하여 박태기나무라 지었답니다. 물론 꽃이 흰색이 아니니 쌀밥의 밥알은 아닐 것이고, 수수밥의 밥알에 가깝다고 해야 할까요? 참고로 북한에서는 구슬꽃나무라 부른다고 합니다. 박태기나무의 꽃을 우리는 밥알로, 북녘은 구슬로 본 셈이지요.

박태기나무는 꽃대가 매우 짧거나, 거의 없는 듯 보이면서 자주색의 꽃이 줄기에서 그냥 막 나온 듯이 가지를 감싸 안고 있답니다. 꽃송이 수를 차분히 세어 보면 대체로 7~8송이가 모여 있지만, 많을 때는 20~30송이가 뭉텅이로 모여 있지요. 꽃이 활짝 피면 한 송이 한 송이가 나비 모

꽃잎이 나비 모양이에요.

꽃이 지고 나면 콩과 식물답게 꼬투리가 달려요.

양으로 예쁘답니다. 꽃의 안쪽을 들여다보면 연한 홍색의 수술과 끝이 적색인 황록색의 암술이 있습니다. 꽃이 지고 잎이 난 후에 콩과 식물의 전형인 꼬투리가 대롱대롱 매달립니다.

　　박태기나무를 서양에서는 '유다나무'라고도 부른답니다. 이는 16세기 말 이탈리아의 의사이자 식물학자, 판화가인 카스토레 두란테(Castor Durante, 1529~1590년)가 이 나무에 예수의 열두 제자 중 하나인 유다가 목을 매는 장면을 판화로 표현했던 것에서 비롯된 이름입니다. 우리나라에서 자라는 박태기나무는 중국이 고향으로 유다나무보다 키가 작지요.

 비밀 속으로

박태기나무는 콩과 식물로 척박한 땅에서도 잘 자랍니다. 콩과 식물이 척박한 땅에서도 잘 자라는 이유를 알아보세요.

(⇨비밀 들여다보기 187쪽)

비밀의 주인공 13

화려한 미모를 자랑하는
철쭉

분류: 진달래과
만날 수 있는 때: 4~5월

진달래가 관심을 끌고 나면 2~3주 후에 철쭉이 그 뒤를 따릅니다. 화려한 미모를 자랑하지만, 옛날 사람들은 철쭉을 개꽃이라고도 불렀답니다. 대체로 이름 앞에 '개' 자가 붙으면 '격이 떨어지는'의 뜻이 더해집니다. 개살구, 개복숭아 등등이 그것이지요. 먹을 것이 부족하던 시절에 꽃 모양은 비슷해도 진달래는 먹을 수 있으니 참꽃이라 하고, 철쭉은 먹을 수 없어 개꽃이라고 하였던 것이지요.

철쭉이라는 이름은 어디서 나왔을까요? 대체로 사람들은 척촉(躑: 머뭇거릴 척, 躅: 머뭇거릴 촉)에서 철쭉이라는 이름이 유래하였다고 봅니다. 어떤 이는 이를 두고 '철쭉의 아름다움이 걸

꽃잎에 점무늬가 있는 산철쭉

꽃잎에 점무늬가 없는 진달래

음을 멈추게 한다'라는 뜻이라고 해석하기도 한답니다.

꽃은 잎과 동시에 달리는데 가지 끝에 3~7송이씩 달립니다. 대체로 연한 분홍색이며, 더러는 흰색도 있습니다. 꽃부리는 깔때기 모양으로 윗부분 안쪽에 진달래와는 달리 붉은 갈색 점무늬가 있습니다. 수술은 10개로 그중 5개는 나머지에 비해 길고, 암술은 한 개입니다. 사실 우리가 정원에서 보는 철쭉 종류는 대부분 산철쭉입니다. 산철쭉은 다양한 원예 품종이 존재하며, 그 종류가 2,000여 종이나 된다고 해요. 특히 정원에는 왜철쭉이라 불리는 영산홍이 곳곳에 있는데 영산홍은 여느 철쭉 종류와 달리 꽃잎에 점무늬가 없다는 것이 뜻밖의 비밀이랍니다.

영산홍은 꽃잎에 점무늬가 없어요.

진달래와 철쭉을 혼동하는 경우가 많습니다. 진달래와 철쭉의 차이를 한번 정리해 볼까요?

1) 진달래는 철쭉과 비교해 잎이 달리기 전에 먼저 꽃을

피워요. 꽃만 있으면 진달래이고, 꽃과 잎이 함께 있으면 철쭉이랍니다.

2) 진달래는 꽃 안쪽에 점무늬가 없고, 철쭉은 안쪽에 점무늬가 있어요.

3) 진달래의 꽃받침 부분은 끈적이지 않으나 철쭉의 꽃받침 부분은 끈적여요.

4) 진달래의 꽃잎은 얇으나 철쭉의 꽃잎은 상대적으로 두꺼워요.

물론 이것 말고 사는 곳이나 잎의 모양, 열매의 모양 등에서도 차이점이 있지만 1)과 2)번만으로 진달래인지 철쭉인지 판단할 수 있을 것입니다.

 **비밀 속으로**

철쭉에는 긴 수술과 짧은 수술이 함께 있어요. 이것으로 철쭉은 어떤 이점을 얻을 수 있을까요?

(➡비밀 들여다보기 187쪽)

비밀의 주인공 14

매화인 듯 매화가 아닌 듯
황매화

분류: 장미과
만날 수 있는 때: 4~5월

겨울이나 이른 초봄, 산을 오르다가 뭔지는 잘 모르겠으나 푸른색 줄기가 눈에 확 띈다면 그것은 십중팔구 황매화일 것입니다. 노란색 꽃을 피우고 매화를 닮았다 하여 노랑 매화, 곧 황매화라 이름 붙었답니다. 이른 봄의 매화는 고귀한 대접을 받지만, 황매화는 이름만 매화이지 대접은 그리 받지 못합니다. 그래도 사람들의 이목을 충분히 끌 만큼은 되지요. 짙은 색의 잎이 총총히 달려 있다가 어느 순간 노란색 꽃들이 얼굴을 내밀고 있으니 말입니다. 우리나라 곳곳에서 살기 때문에 꽃 핀 모습도 전국 어디에서나 찾기 쉽습니다.

홑꽃 황매화에는 수술이 많이 달려요.

꽃잎이 많이 달린 황매화를 겹황매화라고 해요.

매실나무, 벚나무, 살구나무, 복숭아나무, 사과나무, 배나무와 같이 장미과에 속하는 황매화는 장미과 식물의 특징인 5장의 꽃잎과 꽃받침이 있답니다. 꽃자루도 2센티미터쯤 됩니다. 수술은 많고, 암술은 5개쯤 되지요. 황매화 중에서 꽃잎이 여러 장인 겹황매화도 쉽게 찾을 수 있습니다. 흔히 겹황매화는 죽단화라고도 해요. 죽단화의 유래는 정확한 기록을 찾기 힘들지만 어떤 이들은 흙과 자잘한 돌을 섞어 쌓은 담장인 죽담 근처에 많이 있어 죽담화가 죽단화가 되지 않았나 추정한답니다. 홑꽃인 황매화에 비해 겹꽃인 겹황매화는 홑꽃의 수술이 꽃잎으로 변해 꽃잎이 많아진 것입니다. 사람들이 겹황매화를 더 좋아하다 보니 겹황매화를 많이 심어 눈에 더 잘 띕니다.

사실 황매화의 매력은 일 년 내내 의미를 지니는 식물이라는 데 있답니다. 겨울에 보기 힘든 푸른색을 줄기에 담고 있고, 봄에 노란색 꽃을 피워 내며, 짙은 녹색 잎은 가을에 노랗게 물드니 사계절 우리 곁에서 다양한 모습을 선사하는 셈이지요. 그늘진 곳에서도 잘 자라고, 꺾꽂이로 땅에다 쑥쑥 찔러 놓아도 잘 번식해서 주로 관상용으로 심는답니다.

 **비밀 속으로**

겹황매화 꽃을 세 송이만 채취하여 각 꽃의 암술과 수술을 찾아보고, 또 꽃잎의 수를 세어 비교해 보세요. 이것으로부터 어떤 것을 알아낼 수 있었는지 정리해 보세요.

(⇨비밀 들여다보기 187쪽)

비밀의 주인공 15

꽃의 왕
모란

분류: 작약과
만날 수 있는 때: 4~5월

모란만큼 '뒷이야기'가 많은 꽃도 드물 것입니다. 꽃 중의 꽃이라는 화왕(花王)이라 일컬어졌고, 청나라 때는 중국의 나라꽃으로 정해지기도 했답니다. 중국 유일의 여자 황제인 측천무후에게 뿌리째 뽑혀 낙양으로 추방되었다는 이야기도 있습니다. 우리나라 신라 시대의 선덕 여왕(덕만)이 모란꽃을 그린 그림을 보고 벌과 나비가 없으니 향기가 나지 않는 꽃이라고 추론한 이야기, 꽃의 왕 모란이 질책을 당하였다는 설총의 화왕계(花王戒) 설화, 혼례복이나 병풍의 모란, 심지어 어른들의 오락거리인 화투의 6월 꽃이 모란이지요. 모란이라는 이름은 한자어

품종 개량으로 모란 꽃 색이 다양해졌어요.

겹꽃 모란의 꽃잎은 셀 수 없이 많이 달려요.

인 목단(牧丹)이 우리말로 바뀌면서 발음 과정에서 모란으로 굳어진 것으로 보고 있습니다. 아무튼 모란은 귀하고 높은 대접을 받은 꽃이라 할 수 있답니다. 생물학적으로는 모란이 피고 질 때쯤이면 봄이 끝나 간다는 것을 의미하니 여름을 준비할 듯합니다.

　모란은 보통 일 미터쯤 자라며, 3장가량의 잔잎이 함께 붙어 나는 겹잎이 있습니다. 꽃잎은 5~8장, 꽃받침 조각은 5장입니다. 수술은 상당히 많이 있고, 암술은 2~6개입니다. 가지 끝

모란의 새순　　　　　　　　　모란의 열매

에 지름이 20센티미터쯤 되는 작은 접시만 한 꽃이 일주일가량 핀답니다. 꽃 색은 주홍색으로 출발하여 붉은색 계통이 많습니다. 그렇지만 원예 품종이 개발되어 다양한 색을 보이니 색깔별로 감상해 보아도 좋을 것입니다.

모란의 뜻밖의 비밀은 모란이 나무라는 사실입니다. 모란은 작약속 식물에 속하는데 작약속 식물은 대체로 초본(풀) 식물이 많답니다. 흔히 모란을 작약과 혼동하는 경우가 있습니다. 작약은 풀이라 새순이 뿌리에서 나오고, 모란의 새순은 이미 있던 줄기에서 나옵니다. 모란의 꽃잎은 대체로 8장으로 겹꽃의 꽃잎은 헤아리기 어려울 정도로 많지요. 꽃은 향기도 있고, 꿀샘도 발달하여 곤충들이 찾아옵니다. 한마디로 선덕 여왕이 틀렸다는 것을 알 수 있습니다.

 **비밀 속으로**

모란은 나무이고, 작약은 풀이라는데 이 둘은 어떻게 다를까요?

(⇨비밀 들여다보기 188쪽)

비밀의 주인공 16

흰 쌀이 다닥다닥
이팝나무

분류: 물푸레나무과
만날 수 있는 때: 4~5월

하늘에서 쌀이 내려오게 한다는 이팝나무. 이제 중부 지방에서도 실컷 볼 수 있는 이팝나무가 흐드러지게 피었습니다. 예전에는 경북 남부에서 전북을 한계선으로 남부 지방에서 주로 자랐으나 기후 변화의 영향으로 많이 북상하였고, 지금은 가로수로 심을 만큼 우리 주변에 널려 있답니다. 그런데 왜 갑자기 이팝나무에서 쌀 타령을 할까요? 그것은 이팝나무의 어원이 쌀과 관련이 있기 때문입니다. 이씨 왕조에서 벼슬을 해야 쌀밥을 먹을 수 있다 하여 이씨가 세운 조선 왕조의 쌀밥→이밥→이팝이라는 이름이 붙었다는 이야기가 있고요. 또 다른 이야기로는 24절기 중 하나로 여름이 시작된다는 입하 무렵에 꽃이 피어서 입하→이팝이 되었다는 이야기도 있습니다. 경상도에서는 쌀밥을 이밥이라고 했는데 이밥에 맺힌 한으로 죽은 며느리의 넋이 변해서 핀 꽃이라 이밥나무가 되었고, 그것이 이팝나무가 되었다는 이야기도 있답니다. 어느 이야기가 가장 가슴에 와닿나요?

꽃받침과 흰색의 꽃잎이 각각 4장씩 있는 이팝나무는 암수가 따로 있는 암수딴그루입니다. 암꽃 수꽃 모두 잎과 거의 같은 길이로 폭이 매우 좁은 흰색 꽃이어서 자세히 들여다보지 않으면 암수를 구별하기 어렵답니다. 암꽃에는 암술 한 개와 퇴화하여 수꽃의 수술보다 크기가 작은 수술 2개가 있고, 수꽃에는 통으로 된 꽃잎 안쪽에 수술만 2개 있습니다. 그냥 무심코 지나치지 말고 꽃을 관찰해 암꽃과 수꽃을 구별해 보기 바랍니다. 구별하기 어려우면 가을에 검은 자주색 열매가 맺히는지 기다렸다가 확인하는 방법도 있습니다.

대도시의 가로수로 주목 받기 시작한 이팝나무는 서울시 가로수의 6.5퍼센트로 다섯 번째로 많이 심어졌다고 하고, 부산은 네 번째로 많이 심어졌다고 합니다. 이제는 흔하게 볼 수 있는 이팝나무 중 천연기념물로 지정된 나무가 다섯 번째로 많다는 것을 보면 은근히 사람들의 사랑을 많이 받아 온 나무라 할 수 있습니다. 우리가 이팝나무를 쌀로 볼 때 서양 사람들은 눈(snow)으로 보았답니다. 세상을 바라보는 눈이 다른 셈이지요. 어쨌든 예로부터 이팝나무 꽃이 오랫동안 활짝 피면 풍년이 든다고 하였으니 풍년을 기원하는 이팝나무를 사랑합시다.

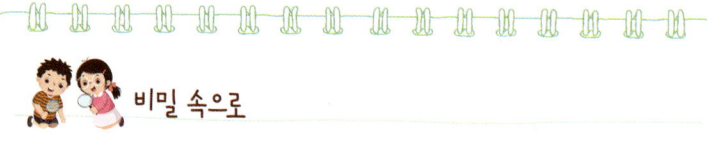

비밀 속으로

이팝나무처럼 수꽃과 암꽃의 기능에 따라 구분을 하는 것은 이팝나무에 어떤 이점이 있을까요?

(⇨비밀 들여다보기 188쪽)

비밀의 주인공 17

꽃인 듯 꽃이 아닌 듯
화살나무

분류: 노박덩굴과
만날 수 있는 때: 4~5월

봄날의 화려한 꽃이 지고 필 때 꽃인 듯 꽃이 아닌 듯 눈에 띄지 않게 피는 식물이 있습니다. 바로 화살나무입니다. 사실 화살나무는 아파트 정원이나 공원, 심지어는 도로변에 많이 심어져 있어 관심만 가지면 쉽게 찾아볼 수 있어요. 화살나무라는 이름은 어떻게 해서 붙었을까요? 그것은 이 나무의 가지를 보면 알 수 있답니다. 가지에는 코르크 재질의 날개처럼 생긴 것이 2~4줄 보이는데 그 모습이 화살의 날개처럼 생겨서 화살나무라는 이름이 붙었습니다.

키 작은 떨기나무인 화살나무의 꽃은 정말로 작습니다. 꽃 색도 황록색이라 눈에 잘 들어오지 않습니다. 그래도 꽃받침

나뭇가지에 화살의 날개처럼 생긴 것이 달렸어요.

꽃은 크기도 매우 작고 색깔도 황록색이라 눈에 잘 띄지 않아요.

과 꽃잎이 4장씩 있으며, 수술도 4개 있습니다. 역시 꽃은 자세히 들여다보아야 아름답습니다. 화살나무는 가을에 붉게 단풍이 들었을 때 무척 예쁜 나무랍니다. 게다가 잎이 다 떨어졌을 때 보이는 빨간 열매도 귀엽습니다. 특히 눈 내린 풍경에서 돋보이는 아름다움이지요.

가을이 되면 잎이 붉게 물들고 열매는 감색으로 익어요.

화살나무는 예부터 많은 먹거리를 제공해 왔습니다. 두릅나무의 새순을 먹는 것처럼 화살나무의 새순도 먹을 수 있답니다. 무쳐 먹거나 된장국에 넣어 먹거나 나물밥을 해 먹을 수도 있어요. 심지어는 봄에 채취하여 말린 뒤 약재로도 썼다고 해요. 이뿐만 아니라 고름을 빼는 데 쓰는 고약의 원료로 화살나무의 날개와 열매를 사용했다고 합니다.

 비밀 속으로

화살나무 줄기에 있는 코르크 재질로 된 날개 모양의 구조물은 화살나무에 어떤 이점이 있을까요?

(➪비밀 들여다보기 188쪽)

비밀의 주인공 18

봉황이 둥지를 튼다는
참오동나무

분류: 현삼과
만날 수 있는 때: 4~5월

서울 송파구의 오금동이라는 동 이름은 오동나무가 많고, 그 오동나무로 가야금을 짜는 이가 살아서 붙은 것이라고 합니다. 그 밖에 서울 구로구 오류동, 서울 오목교, 인천 계양구 오류동, 인천 서구 오류왕길동, 경기 부천 오정동, 대구 동화사, 전남 여수 오동도 등도 모두 오동나무와 관련이 있는 지명이랍니다. 봉황이 둥지를 튼다는 오동나무라는 이름은 한자어인 오동(梧桐)에서 나온 것으로 오(梧)는 열매 안에 5개의 씨앗이 붙어 있어서, 동(桐)은 꽃의 속이 비어 있는 대롱, 곧 통(筒)과 같다는 데서 비롯되었습니다. 오동나무 중에서도 진짜 오동나무라는 뜻에서 참오동나무라 이름 지었지요.

꽃잎 안쪽에 세로로 점선이 있는 참오동나무

참오동나무의 꽃은 가지 끝에서 약 5~6센티미터 크기로 연한 보라색으로 피어나고, 꽃부리는 종 모양으로 끝이 5갈래로 갈라져 있습니다. 참오동나무의 꽃에는 오동나무와 구별되는 한 가지 비밀이 숨어 있어요. 꽃 안쪽을 들여다보면 세로 방향으로 점선이 평행하게 있고, 그냥 오동나무는 이 점선이 없으니 오동나무와 참오동나무를 이 점선으

꽃잎 안쪽에 점선이 없는 오동나무

로 구별하면 된답니다. 꽃받침은 5갈래로 갈라져 있고, 수술은 4개인데 그중 2개는 길고 2개는 짧아요. 봄의 참오동나무 잎은 아직 그리 크지 않으나 꽃이 지고 나면 우리 얼굴보다도 커질 것입니다. 참오동나무 씨앗은 가볍고 양옆에 주름 날개가 있어 바람을 타고 멀리까지 날아가니 곳곳에서 뜻밖에 참오동나무를 만날 수 있습니다.

참오동나무는 큰 잎을 바탕으로 광합성을 열심히 해서 생장 속도가 무척 빠릅니다. 그래서 예부터 딸을 낳으면 오동나무 한 그루를 심어 그 딸이 결혼할 때쯤이면 혼수로 농짝이라도 하나 만들 수 있는 아비의 마음을 간직한 나무랍니다. 빠르게 크다 보니 성긴 조직이 많아 무척 가벼우며, 가공이 쉽고 뒤틀림이 없는 데다 불에 잘 타지 않아 좋은 목재로 꼽혔다고 합니다. 그 밖에 울림통이 좋아 오래전부터 거문고, 가야금 등의 악기를 만드는 데에도 활용한 훌륭한 나무이지요.

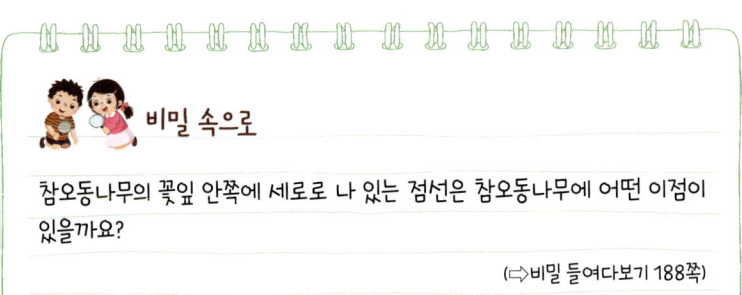

비밀 속으로

참오동나무의 꽃잎 안쪽에 세로로 나 있는 점선은 참오동나무에 어떤 이점이 있을까요?

(⇨비밀 들여다보기 188쪽)

비밀의 주인공 19

무엇이든 감고 올라가는
등나무

분류: 콩과
만날 수 있는 때: 4~5월

동네 곳곳의 쉼터에서 볕 가리개로 심고 관리하는 등나무를 쉽게 볼 수 있습니다. 등나무는 해마다 늦봄이 되면 주렁주렁 매달리는 연보라색 꽃을 피우며 은은한 향기까지 더해 주어 우리에게 이웃 같은 나무이지요. '국가표준식물목록'에 올라 있는 원래 이름은 '등'인데 흔히 등나무라 부른답니다. 등이라는 이름은 한자인 등(藤)에서 나온 것으로 등은 풀 초(艸)와 물 솟을 등(滕)이 합쳐진 글자입니다. 위쪽을 향해 다른 식물을 감고 올라가는 덩굴 식물이라 붙인 이름이지요.

　　꽃은 전형적인 콩과 식물의 모습으로 나비를 닮았습니다. 가운데에 꽃대가 있고, 꽃자루가 짧은 작은 꽃이 무리 지어 포도송이처럼 달린답니다. 꽃 한 송이를 들여다보면 꽃잎이 5장임을 확인할 수 있습니다. 잎은 보통 작은 잎들이 13~19장가량 날개깃 모양으로 달려 있어요. 열매는 콩꼬투리처럼 가을에 주렁주렁 매달립니다.

꽃잎 모양이 나비를 닮았어요.

　　등나무는 항상 칡을 생각하게 합니다. 바로 갈등

(葛藤)이라는 단어 때문입니다. 여기에서 갈(葛)은 칡, 등(藤)은 등나무를 지칭하는 것에서 유래했다는 견해가 있습니다. 등나무는 감아 올라가는 방향이 시계 방향으로 오른쪽으로 감싸면서 올라가고, 칡은 그 반대 방향으로 올라가니 이 두 식물이 감아 올라가는 방향을 보고 갈등이라는 단어가 만들어졌다는 것입니다. 사실 갈등의 의미를 그 반대로 해석할 수도 있습니다. 각각 다른 견해를 가졌어도 서로 의지하면서 살아가고 있으니 (물론 혼자일 때보다 어려운 점도 있지만) 이 점도 높이 평가해야 하지 않을까 싶습니다. 우리 조상들은 다른 나무를 '등쳐 먹고 사는' 이 나무를 소인배로 보았지만, 등나무는 산을 깎아 경사가 진 곳을 뒤덮기는 딱 좋은 나무입니다. 경사면을 덮으면서 흙이나 모래가 빗물에 떠내려가는 것을 막아 주니 말입니다.

 **비밀 속으로**

한 무더기의 등나무 꽃송이에 꽃잎이 몇 장 달리는지 세고, 꽃이 이렇게 포도송이처럼 뭉쳐나면서 얻을 수 있는 이점은 무엇일지 생각해 보세요.

(⇨비밀 들여다보기 189쪽)

비밀의 주인공 20

꽃 색이 연분홍 새색시의 볼 같은
모과나무

분류: 장미과
만날 수 있는 때: 4~5월

모과 하면 대부분 노란색의 좋은 향이 나는 열매를 떠올릴 것입니다. 모과의 꽃을 기억하는 사람은 아마 별로 없을 거예요. 연한 분홍빛으로 수줍은 새색시의 볼 색을 머금은 모습이 은은한 멋을 풍깁니다. 모과란 이름은 '나무에 달린 참외'라는 뜻의 한자 이름인 목과(木: 나무 목, 瓜: 오이 과)에서 ㄱ이 탈락하여 모과가 되었다고 합니다.

장미과 식물답게 꽃잎은 5장으로 봄의 꽃 대열에 합류하였습니다. 꽃은 가지 끝에 한 송이씩 달리고, 꽃잎과 꽃받침은 각각 5개씩 있답니다. 수술은 20여 개로 노란색 꽃밥이 있으며, 암술은 한 개인데 암술머리가 5갈래로 갈라져 있답니다. 얼핏 꽃만 보면 명자나무와 비슷하나 명자나무는 작은떨기나무로 키가 작고, 모과나무는 큰키나무로 10미터 이상 자라기도 합니다. 한눈에 모과나무인지를 알 수 있는 비밀 정보라면 그것은 바로

꽃잎은 달걀을 거꾸로 세운 모양이에요.

타원형의 모과 열매가 달려요.

특이한 줄기랍니다. 줄기가 조각조각 벗겨져 녹색의 얼룩무늬를 남기기 때문에 줄기만 보아도 모과나무임을 알 수 있지요.

가을에 열리는 열매는 모양새가 그리 예쁜 편은 아닙니다. 겉면이 울퉁불퉁하지만 그래도 노랗게 익은 모과 열매는 쓰임새가 아주 많답니다. 먼저 모과 열매를 얇게 썰어 재워 놓았다가 차로 마시는 것이 일품입니다. 모과차는 기침이 날 때도 좋고, 기침이 안 날 때는 기침이 나지 않도록 미리 막아 주어서 좋습니다. 중국에서는 정말 좋아하는 사람과의 증표로서 모과를 주고받곤 했다지요. 비록 모과의 생김새는 마음에 들지 않더라도 모과 하나쯤은 서로 주고받을 수 있는 사람을 만나기를 바랍니다. 1,000년 이상을 때로는 약으로, 때로는 차로 우리와 함께한 모과……. 가을에 은은한 향기로 다가오는 모과를 기다려 봅니다.

 비밀 속으로

모과 꽃의 암술을 찾아보고 암술머리가 몇 갈래로 갈라져 있는지 확인합니다. 암술머리가 갈라진 것은 갈라지지 않은 것에 비해 어떤 이점이 있을까요?

(⇨비밀 들여다보기 189쪽)

비밀의 주인공 21

꽃이 호리병을 닮은
붉은병꽃나무

분류: 인동과
만날 수 있는 때: 4~6월

전국 어느 숲을 가더라도 자주 만나는, 붉은색 꽃이 피는 2~3미터 높이의 작은 나무가 있습니다. 바로 붉은병꽃나무입니다. 요즘은 사람들이 산에서 데리고 와서 정원수로 심기도 합니다. 붉은병꽃나무라는 이름은 꽃 모양이 호리병을 닮았고 붉은 꽃을 피우기 때문에 붙었습니다. 또 다른 이름으로 조선금대화(朝鮮金帶花)라고도 불리는데 이는 꽃 모양이 조선 시대 때 고운 비단으로 감싸 만든 주머니 같다 하여 붙은 이름이랍니다.

붉은병꽃나무의 마주나는 잎을 가만히 뒤로 젖혀 관찰하면 가운데 잎맥 위에 있는 구부러진 털들을 볼 수 있습니다. 잎 사이에서는 연한 홍색의 꽃들이 나오는데 꽃은 전체적으로 깔때기 모양이며, 잎겨드랑이에 한 개씩 달립니다. 꽃대 끝에 꽃이 피고 그 아래 가지와 곁가지에 차례로 피어나지요. 꽃은 꽃부리 쪽에서 꽃자루 쪽으로 내려가다가 중앙 부분부터 폭이 확 줄어드는 구조로 되어 있습

붉은병꽃나무는 처음부터 붉은빛의 꽃이 피어요.

병꽃나무는 꽃이 처음에 노란색을 띠다가 점점 붉은색으로 변해요.

ⓒ국립생물자원관(원작자: 유태철)

니다. 꽃부리는 끝부분이 5갈래로 갈라져 있고, 꽃받침 조각과 수술은 각각 5개입니다.

붉은병꽃나무는 많은 원예종이 있으며, 특히 추위와 오염에 강한 종들이 많이 개발되어 있답니다. 게다가 꽃이 20여 일 이상 돌아가며 피기에 나름 관상 가치가 높은 편이라고 할 수 있어요. 참고로, 붉은병꽃나무와 비슷한 병꽃나무(우리나라 특산종으로 해외로 반출할 때는 허가를 받아야 해요)도 있는데 이 두 나무는 꽃잎의 색과 꽃받침의 파인 정도에 따라 차이가 납니다. 병꽃나무와 붉은병꽃나무의 특징을 구별해 볼까요?

1) 병꽃나무의 꽃은 처음에 노란색을 띠다가 붉은색으로 점차 변하는 데 반해, 붉은병꽃나무는 처음부터 붉게 피어요.

2) 병꽃나무의 꽃받침은 밑부분까지 깊게 갈라진 데 반해, 붉은병꽃나무의 꽃받침은 절반 정도까지만 갈라져 있어요.

비밀 속으로

병꽃나무와 붉은병꽃나무에서 알 수 있듯이 꽃받침의 갈라진 정도는 꽃에 따라 차이가 납니다. 이렇게 꽃받침의 갈라진 정도는 식물의 생활 조건과 어떤 관련이 있을까요?

(⇨비밀 들여다보기 189쪽)

비밀의 주인공 22

커다란 등불을 밝힌 듯한
큰꽃으아리

분류: 미나리아재비과
만날 수 있는 때: 4~5월

울타리를 뒤덮으며 흰색의 꽃을 피운 모습이 꼭 커다란 등불을 밝혀 놓은 듯합니다. 덩굴성 나무인 큰꽃으아리입니다. 꽃이 길게 늘어서듯 피는 특성이 있어 아파트 베란다 조경에 안성맞춤입니다. 으아리라는 이름은 정말 의아합니다. 어디서 이런 이름이 나왔을까요? 통증을 의미하는 '아리다', 맺힌 덩어리를 의미하는 '응어리'와 연관이 있어 보입니다. 다시 말해 으아리의 독성으로 인해 아린 맛을 낸다는 뜻으로 보거나, 응어리를 제거하는 성분이 있어서 응어리에서 이름이 나오지 않았나 하는 것이 지배적인 의견이랍니다. 큰꽃으아리는 으아리 중에서 꽃이 큰 것을 말합니다.

큰꽃으아리는 사실 꽃잎이 없고, 꽃잎처럼 보이는 꽃받침 조각이 보통 8장 있습니다. 줄기 끝에서 하나씩 위를 향해 피어나는 큰꽃으

큰꽃으아리는 덩굴줄기로 뻗어 나가요.

87

아리의 색은 흰색이지만, 때로는 아주 연한 노란색으로 피어나기도 합니다. 꽃의 크기는 10여 센티미터나 되니 다른 으아리 종류의 꽃이 대략 2.5센티미터 되는 것과 비교해 보면 나름 큰 편입니다. 꽃 안쪽에 수술과 암술이 여러 개 있으며, 흰색의 수술대는 편평하고 암술대는 끝 부근에 털이 있습니다. 가을에 열매가 맺혔을 때 황갈색 깃털 모양의 긴 암술대를 볼 수 있습니다. 가늘고 긴 덩굴줄기가 2~4미터가량 벋으며, 표면에는 잔털이 있습니다.

큰꽃으아리의 연한 잎은 먹기도 하지만 무엇보다도 옛날부터 좋은 약재로 써 왔음을 기억할 필요가 있습니다. 단순한 관상용이 아니었던 것이지요. 특히 뿌리는 한방에서 사지 마비나 요통, 타박상, 다리 통증에 사용한다고 합니다.

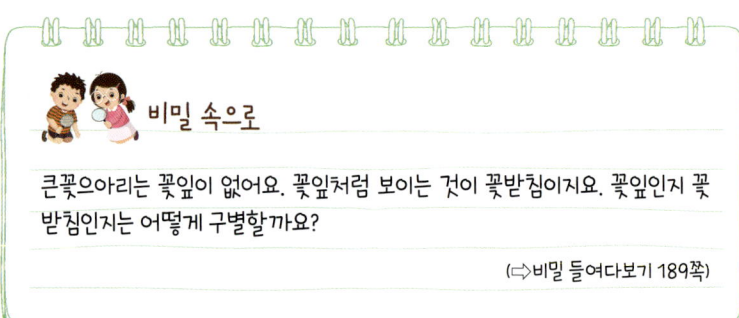

비밀 속으로

큰꽃으아리는 꽃잎이 없어요. 꽃잎처럼 보이는 것이 꽃받침이지요. 꽃잎인지 꽃받침인지는 어떻게 구별할까요?

(⇨비밀 들여다보기 189쪽)

비밀의 주인공 23

손가락이 일곱 개
칠엽수

분류: 칠엽수과
만날 수 있는 때: 5~6월

칠엽수라는 이름은 잎에서 비롯되었습니다. 칠엽수(七葉樹)는 '잎이 7장인 나무'라는 뜻이지만 잎을 잘 보면 손바닥을 편 모양으로 5~7갈래로 갈라진 것을 알 수 있습니다. 그래도 한눈에 보면 7갈래로 갈라진 것이 눈에 확 들어오니 칠엽수라 부르게 된 것이지요. 문학과 예술을 사랑하는 어른들에게는 칠엽수가 프랑스 샹젤리제 거리의 마로니에를 떠올리게 한다고 합니다. 마로니에는 프랑스말로 칠엽수랍니다.

칠엽수의 잎자루는 꽤 긴 편이고, 꽃은 나름 예쁜 모습입니다. 20~30센티미터쯤 되는 크기로 한 개의 꽃대에 백여 개의 꽃이 원뿔 모양으로 모여 핍니다. 모여 있는 꽃 한 송이를 자세히 들여다보면 꽃잎이 4장인데 특이하게 분홍색이나 노란색 점무늬가 있습니다. 꽃받침은 5갈래로 갈라져 있으며, 수술은 7개이고 암술은 한 개입니다.

칠엽수는 보통 「국가식물표준목록」에서 추천하는 이름을 바탕으로 열매에 가시가 있는 가시칠엽수(흔히 서양칠엽수라 해요)와 가시가 없는 칠엽수(흔히 일본칠엽수라 해요)를 찾아볼 수 있습니다. 열매가 맺히기 전까지는 구별하기가 그리 쉬운 편은 아니랍니

꽃에 분홍색 또는 노란색 점무늬가 있어요.

다. 그래도 괜찮습니다. 그냥 칠엽수라 해도 되지만, 열매 속의 밤톨같이 생긴 것은 먹지 말아야 합니다. 독성이 있기 때문입니다. 서양에서는 이 밤톨을 말이 먹는다고 해서 말밤(horse chestnut)이라 부릅니다. 프랑스 파리의 몽마르트르 언덕이나 샹젤리제 거리를 걷는 기분으로 이들을 만나는 것도 좋을 것입니다. 충남 태안 천리포 수목원에 가면 파리 품종을 만날 수 있을 것입니다. 덕수궁에 있는 나무는 1913년에 네덜란드 사람이 심었다고 하니, 덕수궁에 갈 기회가 생긴다면 한번 찾아보기 바랍니다.

독성이 있는 칠엽수 열매

가시가 있는 가시칠엽수 열매

 **비밀 속으로**

가시칠엽수 열매의 바깥쪽에 나 있는 가시는 이 나무에 어떤 이점을 가져다줄까요?

(⇨비밀 들여다보기 190쪽)

비밀의 주인공 24

부처님의 마음으로
불두화

분류: 인동과
만날 수 있는 때: 5~6월

매년 부처님 오신 날 즈음하여 피어나는 꽃으로 둥근 형태가 부처님 머리 모양을 닮았습니다. 그래서 이름도 부처님의 머리 같은 꽃이라는 뜻으로 불두화(佛頭花)라고 부릅니다. 사실 이 불두화는 백당나무를 원예종으로 개발하여 암수의 구분이 없는 나무로 만든 것이랍니다. 원래 백당나무는 암술, 수술이 있는 꽃(유성화)이 가운데에 있고 그 주변을 암술, 수술이 없는 꽃(무성화)들이 둘러싸는 형태로 꽃이 핍니다. 여기에서 중앙 부분의 암술, 수술이 있는 유성화 부분을 없애고 암술, 수술이 없는 무성화의 꽃잎만 자라게 한 원예 품종이 불두화입니다. 암술이나 수술이 없으니 자손을 씨앗으로 번식시킬 수 없지요.

그런데 백당나무란 무슨 뜻일까요? 백당나무라는 이름은 꽃이 하얗게 피는 모양이 마치 하얀 엿 같다고 하여 백당(白糖), 또는 하얀 무명천 같다고 하여 백당목(白唐木)이라고 한 데서 유래한 것으로 보고 있습니다. 그 밖에 하얀 꽃 뭉치가 작은 단(壇)을 이루는 것 같아 백단(白壇)나무로 불리다가 백당나무가 되었다는 견해도 있습니다.

무성화만 있는 불두화는 짧은 가지 끝

꽃 뭉치가 부처님 머리 모양을 닮았어요.

에 둥그런 모양으로 꽃이 피어납니다. 작은 꽃 수십 개가 모여 야구공만 한 꽃송이를 만들 듯이 말입니다. 각각의 꽃이 달린 꽃자루의 길이는 2~6센티미터이며, 잔털이 있는 것도 있습니다. 서양에서는 이런 꽃 모습을 보고 흰 눈을 뭉친 것으로 보았는지 이름을 '눈뭉치나무(Snowball tree)'라고 부른답니다.

흔히 불두화를 수국으로 착각하거나 헷갈리기도 합니다. 불두화를 수국과 구별하기 위한 비밀은 잎에 있답니다. 불두화 잎은 끝이 3갈래로 갈라져 있으나 수국 잎은 달걀 모양이며, 갈라져 있지 않습니다. 꽃은 처음에는 연한 초록빛이었다가 활짝 피면 흰색, 시들어질 때쯤이면 누렇게 변하지요. 암술, 수술은 없으나 꺾꽂이로 쉽게 번식시킬 수 있습니다. 성의 구별도 없고 자손도 보지 않으니 스님들이 꽃을 구경한다고 해서 마음이 흐트러지지 않을 것입니다. 스님의 마음가짐과 맥이 닿는 나무이기에 절에서 많이 심는답니다.

 **비밀 속으로**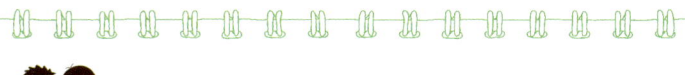

공 모양으로 핀 불두화의 꽃 뭉치 3개를 골라 뒤쪽으로 몇 개의 꽃자루가 달렸는지 관찰하고, 어떤 규칙성이 있는지 생각해 보세요.

(⇨비밀 들여다보기 190쪽)

비밀의 주인공 25

동구 밖 과수원길
아까시나무

분류: 콩과
만날 수 있는 때: 5~6월

"동구 밖 과수원길 아카시아꽃이 활짝 폈네~"는 「과수원길」이라는 동요에 나오는 노랫말입니다. 그런데 사실 노랫말 속의 아카시아는 잘못 불린 이름이랍니다. 많은 사람이 강한 향기를 내뿜는 흰색 꽃의 이 나무를 보고 아카시아라고 부르는데 아마도 식물 이름에 대한 오해가 가장 널리 퍼진 나무가 이 나무일 듯합니다. 틀린 이름으로 세상에 알려졌기 때문일 것입니다. 그럼 정확한 이름은 무엇일까요? 바로 아까시나무(또는 아카시나무)입니다. 원래 고향이 북아메리카인 아까시나무의 이름은 영어로 pseudo-acacia(짝퉁 아카시아)인데 1900년대 초, 헐벗은 우리 민둥산에 조림 사업을 할 때 일본인들이 이 나무를 심고 앞의 pseudo(가짜의)가 빠진 아카시아로 이름이 잘못 전해졌을 것으로 추정하고 있습니다.

아까시나무 잎은 깃털 모양의 겹잎으로 작은 잎들이 7~19개 가량 달려 있어요. 그래서인지 가위바위보로 하나씩 떨구는 게임에 자주 이용되는 식물로 알려졌답니다. 꽃은 콩과 식물의 전형적인 모습인 나비 모양 꽃이 기다란 꽃자루에 여러 송이가

꽃부리 한가운데의 큰 꽃잎은 뒤로 젖혀져요.

꽃자루가 길고, 잎은 어긋나기로 달려요.

달려 있고, 꽃받침은 5갈래로 갈라져 있습니다. 진한 향기와 풍부한 꿀들로 입맛을 돋우는 꽃이라고 할 수 있습니다. 특히 우리나라 꿀의 70퍼센트는 벌들이 아까시 꽃에서 모아 온 것이라고 합니다. 줄기에는 턱잎이 변한 가시가 있으니 가시도 조심하기 바랍니다.

진짜 아카시아는 아프리카에 가면 볼 수 있답니다. 노란색의 꽃을 피우는 나무인데 만화 영화 「라이언 킹」에서 석양이 물들 때 우산 모양의 나무가 보이면 아마도 아카시아일 확률이 높습니다. 아까시나무는 양봉 산업에 이바지하고, 빠르게 성장하며, 화목으로 잘 타고, 내구성이 뛰어나다는 장점이 있는데도 이 나무를 싫어하는 사람들도 많습니다. 본디 양지바른 곳에 잘 퍼지는 이 나무가 묘지로 뿌리를 뻗어 조상님의 산소를 훼손하기 때문이지요. 여하튼 이제는 아까시나무(아카시나무도 표준말이에요)로 제대로 이름을 불러 주면서 향긋한 꽃내음을 맡았으면 합니다.

 비밀 속으로

아까시나무의 가시는 턱잎으로부터 유래했다고 해요. 이 가시로 아까시나무가 얻는 이점은 무엇일까요?

(⇨비밀 들여다보기 190쪽)

비밀의 주인공 26

장미의 원조
찔레나무

분류: 장미과
만날 수 있는 때: 5~6월

99

문학 작품이나 노랫말에 심심찮게 등장하는 찔레는 전국 어디에서나 쉽게 볼 수 있는 키 작은 나무랍니다. 장미과에 속하는 찔레꽃은 일 억 년 전에 지구상에 등장한 들장미라고 생각하면 됩니다. 들장미가 우리네 정서와 맞닿아 있어서인지 많은 이야기나 노래 속에 등장하는가 봅니다. 찔레나무 또는 찔레꽃이라 부르는 이 나무 이름의 유래는 어떻게 될까요? 우선 나무에 가시가 있어서 찌른다는 의미의 찔레라고 붙였을 가능성이 큽니다. 찔레꽃은 '달위'라는 옛말에서 유래되었다고도 해요. 달은 찌른다는 뜻이고, 위는 명사를 만들 때 붙이는 말로 가시에 찔리는 꽃으로 이름 붙인 것이지요. 달위→질늬(찔늬)→찔레의 과정을 거쳐서 말입니다.

꽃은 흰색이나 연한 분홍빛으로 핍니다. 원조 장미과 식물은 꽃잎이 5장이고 물론 찔레꽃도 그렇습니다. 지금까지 장미과 식물로 여러분을 스쳐 간 식물은 모두 꽃

찔레나무의 흰 꽃은 관상용으로 가치가 높아요.

잎이 5장이었습니다. 매실나무, 벚나무, 살구나무, 사과나무, 배나무, 복사나무, 앵도나무 등이 모두 장미과 식물이랍니다. 새하얀 찔레꽃이 가지 끝에 5~10여 송이 모여 핍니다. 꽃받침 조각은 뒤로 젖혀져 있고, 꽃잎 안에 든 수많은 노란색 수술들의 모습이 정겹습니다.

찔레꽃은 우리 민족의 색인 순백색의 꽃이어서 우리에게 특별했나 봅니다. 그런데 무엇보다 찔레꽃에는 은은한 향기가 있어서 우리 조상들의 사랑을 받았답니다. 우리 조상들은 찔레꽃을 따다가 화장수를 만들어 사용했다고 해요. 그리고 지금이야 간식거리가 많지만, 간식거리가 별로 없던 옛날에는 찔레나무의 연한 새순이 사람들에게 좋은 간식거리였다고 하지요.

 비밀 속으로

찔레꽃은 흰색으로도 피고 연한 분홍색으로도 피어요. 이렇게 꽃잎 색에 차이가 나는 것은 무엇 때문일까요?

(⇨비밀 들여다보기 191쪽)

비밀의 주인공 27

국수가 안 생기는
국수나무

분류: 장미과
만날 수 있는 때: 5~6월

얼마나 먹고 싶었으면 국수나무라 이름 붙였을까요? 배고픈 5월에 시달려야 했던 오랜 옛날 시절의 흔적이라고나 할까요? 물론 국수나무로 국수를 만들지는 못합니다. 다만 나무껍질을 세로로 벗기면 마치 국수 면발처럼 하얀 부분이 드러나기 때문에 붙은 이름이라고 합니다. 국수나무를 서양에서는 'lace shrub(레이스 나무)'라고 부릅니다. 우리는 먹거리에서, 서양은 레이스에서 그 생김새와 용도를 생각한 모양입니다. 그런가 하면 꽃 모양새를 중심으로 중국에서는 진주의 모습을 생각하여 '작은진주꽃(小珍珠花)'이라 불렀고, 일본에서는 싸라기 쌀을 연상하여 '싸라기벼나무(コゴメウツギ)'라 불렀으니 각자의 자리에서 세상을 보는 눈은 서로 차이가 있음을 알 수 있답니다.

국수나무 잎은 삼각형에 가까운 계란 모양으로 가장자리에 톱니가 있습니다. 꽃은 장미과 식물답게 5장의 꽃잎이 있고, 노란빛이 비치는 흰색입니다. 꽃잎보다 짧은 수술이 10개쯤 있습니다. 이 꽃들은 묵은 가지보다는

꽃은 원뿔 모양 꽃차례로 달려요.

햇가지 끝에서 피어납니다. 참고로, 일년생 가지는 둥글고 잔털이 있으며 적갈색인데 시간이 지나면서 점차 흰색으로 바뀝니다. 등산로를 따라 큰 나무 밑에서 줄기를 휘어 길게 늘어뜨린 국수나무를 자주 볼 수 있을 것입니다. 마치 국수나무 너머로 들어가지 말라는 표식처럼 말이지요. 국수나무 저편의 동물들에게 편안함을 제공해 주는 셈입니다.

　전하는 바에 따르면 대략 인류가 국수를 만들어 먹은 지는 꽤 오래전으로 우리나라는 고려 시대부터라고 합니다. 국수가 나름 고급 음식에 들었고 혼례나 생일에 특별히 국수를 먹은 이유는 국수의 면발처럼 서로 얽혀서 백년해로하고, 끊어지지 않고 오랫동안 살기를 바라는 우리 선조들의 마음 때문이었을 것입니다.

 **비밀 속으로**

국수나무에서 적갈색 가지와 흰색 가지가 있는지 관찰하고, 꽃이 주로 어느 가지 끝에 달려 있는지 비교해 보세요.

(⇨비밀 들여다보기 191쪽)

비밀의 주인공 28

사랑하는 이와 함께하는
장미

분류: 장미과
만날 수 있는 때: 5~6월

장미만큼 인류의 사랑을 듬뿍 받은 꽃은 없을 것입니다. 특히 5월이면 더욱 그렇습니다. 오죽하면 5월의 꽃의 여왕을 '붉은 장미'라고 했을까요? 장미는 우리에게 신화와 전설, 노래, 시, 영화, 정치 권력(영국의 장미 전쟁), 종교(기독교) 그리고 사랑과 증오의 감정으로 다가온답니다. 이야깃거리가 참 많은 식물인

품종 개량으로 꽃 색이 다양해졌어요.

셈이지요. 장미라는 이름은 한자어에서 나온 것으로 '담에 기대어 자라는 식물'이라는 뜻으로 만들어졌다고 합니다.

오늘날 우리가 보는 겹꽃 장미의 원조는 일 억 년 전에 지구상에 등장한 들장미(찔레꽃을 생각하면 돼요)랍니다. 꽃잎이 5장인 들장미 중에서 어떤 개체가 돌연변이를 일으켜 꽃잎이 여러 장인 장

가시가 아래를 향해 나 있어요.

미가 되었는데 이를 로마인들이 관심을 가지고 재배하기 시작하여 널리 퍼졌다고 합니다. 장미는 도대체 꽃잎이 몇 장이나 될까요? 장미의 꽃잎 수는 대략 20~30장인 것부터 30~35장, 심지어 70장인 것까지 있답니다. 장미는 줄기 껍질이 변한 가시가 있는데 가시의 방향은 아래쪽을 향하고 있지요.

사실 꽃잎이 5장에서 더 늘어난 것은 수술이 꽃잎으로 변했기 때문이랍니다. 꽃잎이 많을수록 수술은 점점 줄어든다고 생각하면 되지요. 수술이 줄어드니 번식에 문제가 생길 법도 하나, 수술과 암술이 있어야만 번식이 가능한 것은 아닙니다. 꺾

꽃이로 번식하면 되니까요. 장미를 너무 사랑한 인간들이 끊임없이 육종하여 지금은 1만 5000여 종 이상의 원예종이 있다고 합니다. 수술을 없앤 키 작은 떨기나무인 장미의 입장에서는 억울한 일일까요, 이익이 되는 일일까요? 이것을 어떤 관점으로 바라봐야 할까요?

1) 인간의 끝없는 욕망으로 꽃잎이 많이 달리게 되었다?
2) 장미가 오히려 인간을 번식 수단으로 부려서 쉽게 지구 곳곳으로 퍼져 나가 자손을 늘렸다?

여러분의 생각을 추가해 보세요.

 비밀 속으로

장미의 가시가 아래쪽을 향하는지 실제로 관찰하고, 그로 인해 장미는 어떤 이점을 얻는지 생각해 보세요.

 비밀 들여다보기 191쪽

비밀의 주인공 29

때가 많아 시커먼
때죽나무

분류: 때죽나무과
만날 수 있는 때: 5~6월

눈을 떠 보면 어느새 곳곳에 그 수가 엄청나게 많아지는 나무들이 있답니다. 그러한 나무들의 무리에 때죽나무를 넣어도 될 듯합니다. 여기저기 옮겨 심어도 잘 살고, 척박한 토양에서도 잘 자라며, 추위와 공해에도 강하고, 게다가 꽃 모양도 아름다우니 정원수나 가로수로 심지 않을 도리가 없습니다. 그런데 왜 이름이 때죽나무일까요? 때죽나무만큼 이름의 기원이 다양한 식물도 드물 것입니다.

꽃은 종 모양으로 아래를 향해 피어요.

1) 줄기 껍질이 검은빛이라 줄기에 때가 많을 것이라는 뜻에서.

2) 열매와 열매껍질을 물에 불린 다음 그 물로 빨래를 하여 때를 쭉 뺀다는 뜻에서.

3) 열매를 빻아 물에 풀면 물고기가 떼죽음을 당한다는 뜻에서.

4) 스님의 머리처럼 열매의 모양이 둥글어서 스님(중)들이 떼로 모여 있다는 뜻에서.

때죽나무는 약 10미터 높이로 자라요.

여러분은 어떤 기원이 마음에 드나요? 나무 한 그루에 이처럼 많은 이야기를 지어내니 천생 우리네는 이야기꾼인 듯싶습니다. 여하튼 이 가운데 흔히 1)번 견해를 그럴듯한 것으로 추정하고 있답니다.

때죽나무는 줄기 껍질 색이 검은 갈색으로 매끈하게 보여 숲에서 다른 나무와 쉽게 구분이 되는 편입니다. 물론 가까이에서 자세히 보면 나무껍질은 세로로 얇게 갈라져 있습니다. 꽃은 나무 전체를 덮을 정도로 흰색의 많은 꽃송이들이 2~6개씩 매달려 피어납니다. 고개 숙인 듯 아래를 향해 핀 꽃에서는 금방이라도 코가 마비될 것 같은 강한 향이 난답니다. 수술은 10개로 노란 꽃밥이 있으며, 수술로 싸인 한 개의 암술이 있습니다.

 **비밀 속으로**

때죽나무 꽃이 아래를 향해 꽃을 피우는 것은 어떤 이점을 얻기 위함일까요?

(⇨비밀 들여다보기 192쪽)

비밀의 주인공 30

고고한 모습의 소나무

분류: 소나무과
만날 수 있는 때: 5월

소나무 하면 "남산 위의 저 소나무"로 시작하는 애국가를 떠올리는 사람이 많을 것입니다. 소나무는 뭔가 나라의 큰 기둥이 되는 듯한 느낌이지요. 해마다 5월쯤이면 바람에 날리는 노란 송화 가루도 떠오를 것입니다. 소나무라는 이름은 어디에서 왔을까요? 소나무는 솔나무가 소나무로 변한 것으로 보고 있습니다. 그럼 솔은 무슨 뜻일까요? 솔은 산꼭대기를 뜻하는 수리가 변한 말로 추정하고 있습니다. 한마디로 소나무라는 이름에는 산꼭대기 정상에서 자라거나 또는 산꼭대기까지 높이 자란다는 뜻이 담겨 있습니다.

절벽 위 산꼭대기에서 자라는 고고한 모습의 소나무에는 사실 아픈 비밀이 숨어 있답니다. 살기 좋은 땅에서는 잎이 크고 넓적해 광합성에 유리한 낙엽 활엽수와의 경쟁에서 밀리기 때문에 극한 환경 지대로 쫓겨 가 사는 것입니다. 인간의 보살핌이 없었다면 소나무는 생존 경쟁에서 탈락해 척박한 산꼭대기 바위틈에서 힘겹게 사느라 아마 우리 주변에서 쉽게 보기 어려운 나무가 되었을지도 모릅니다. 소나무는 이제 새로운 어려움에 빠져 있답니다. 기후 변화와 인간의 환경 파괴로 생태계의 조화가 깨지고, 솔나방 유충이나 솔잎혹파리 그리고 대기 오염 등으로 수난을 겪게 된 것이지요.

그런데 소나무는 꽃이 필까요? 생물학의 정의에 따르면 '꽃은 속씨식물의 유성 생식 기관'입니다. 본디 꽃은 변형된 잎이 있는 짧은 줄기가 기원이며, 이는 소나무 같은 겉씨식물도 마찬가지입니다. 하지만 변형의 정도와 수준이 다르답니다. 속씨식물의 꽃은 아래쪽의 꽃턱, 꽃이 피기 전까지 꽃을 감싸는 꽃받침, 꽃받침이 벗겨지면 나타나는 꽃잎 그리고 수술과 암술 등으로 분화가 훨씬 잘 이루어져 있습니다. 그래서 이제 소나무 같은 겉씨식물에서는 꽃이라는 용어를 사용하지 않습니다. 소나무 암꽃에 해당하는 것을 암 솔방울(female cone), 수꽃에 해당

수꽃에 해당하는 수 솔방울이에요.

암꽃에 해당하는 암 솔방울이에요.

하는 것을 수 솔방울(male cone)이라 부른답니다. 참고로, 여러분이 주변에서 쉽게 보는 소나무 잎은 바늘잎이 2장씩 뭉쳐납니다. 바늘잎이 3장씩 뭉쳐나는 소나무도 있는데 바로 리기다소나무랍니다.

리기다소나무

 **비밀 속으로**

수 솔방울과 암 솔방울은 서로 성숙하는 시기가 달라요. 암수 솔방울의 성숙 시기가 다른 것은 소나무에 어떤 이점이 있을까요?

(⇨비밀 들여다보기 192쪽)

비밀의 주인공 31

성스러운 십자가 나무
산딸나무

분류: 층층나무과
만날 수 있는 때: 5~6월

산에 사는 나무에서 딸기가 열린다는 산딸나무……. 그렇지만 우리가 아는, 밭에서 나는 딸기도 아니고 산과 들에서 자라는 산딸기도 아니랍니다. 산에 사는 나무에서 열리는 딸기 모양의 붉은 열매 때문에 산딸나무라고 부른답니다. 대개 이 열매를 먹지는 않지만 어떤 사람들은 이 열매가 맛도 좋은 편이라고 하며, 가을에 술을 담가 먹는 일도 있습니다. 산딸나무는 멀리서도 하얀색의 꽃잎(?)이 십자가 모양으로 확 들어옵니다. 하얀색의 꽃(?)이 여러 개씩 층층으로 피어 있지요. 요즘은 정원수로도 곳곳에 심어서 쉽게 관찰할 수 있습니다.

흰색 포엽이 꽃잎처럼 보여요.

사실 산딸나무에는 중요한 비밀이 하나 숨어 있답니다. 꽃으로 보이는 하얀 부분이 잎이 변한 것으로 꽃이 아니랍니다. 싹이나 꽃봉오리를 싸서 보호하는 작은 잎을 포엽이라고 하는데 산딸나무의 포엽은 처음에 연

딸기 모양의 열매가 달렸어요.

녹색을 띠다가 점점 새하얀 색으로 변하면서 꽃잎처럼 아름다운 모습을 하니 꽃으로 착각할 수밖에 없습니다. 산딸나무의 실제 꽃은 4개의 흰색 포엽 가운데에 20~30개씩 머리 모양으로 모여 달려 있답니다. 비록 크기는 작지만 각각의 꽃잎이 4장 달려 있고, 꽃잎보다 긴 수술이 4개 들어 있습니다. 가을에 딸기 모양의 열매가 달리면 새들이 많이 찾아와 열심히 먹습니다. 산딸나무의 가지는 층을 이루면서 수평으로 퍼져 나갑니다.

여하튼 새하얀 색의 가짜 꽃이 층층이 쌓여 있어 순백의 아름다움을 전하는 산딸나무를 유럽 기독교 국가에서는 신성시한다고 합니다. 예수님이 짊어진 십자가를 이 산딸나무로 만들었기 때문이라고 합니다. 물론 우리나라에 있는 것과 같은 종은 아니겠지요. 왜냐하면 우리 산하의 산딸나무는 목재로 하기에는 키가 좀 작고, 줄기도 가는 편이거든요.

 **비밀 속으로**

산딸나무는 꽃보다 흰색의 포엽이 더 눈에 띄어요. 산딸나무 꽃의 이러한 특징은 어떤 이점이 있을까요?

(⇨비밀 들여다보기 192쪽)

비밀의 주인공 32

동백나무처럼 기름이 나오는
쪽동백나무

분류: 때죽나무과
만날 수 있는 때: 5~6월

스무 송이쯤 되는 흰색 꽃들이 줄 맞춰 피어납니다. 일 센티미터가량 되는 꽃자루에 사이좋게 여러 개의 꽃이 어긋나게 달립니다. 그런데 그 모습이 때죽나무와 비슷하면서도 잎이 훨씬 크고 뭔가 좀 다르게 생겼습니다. 바로 쪽동백나무입니다. 쪽동백나무는 이름과는 달리 동백나무와는 거리가 멀고 때죽나무와 가까운 사이랍니다. 그런데 이름은 쪽동백나무이니 뭔가 이상하지요? 쪽은 쪽문, 쪽방 등의 말에서 알 수 있는 것처럼 작다는 의미입니다. 동백이라는 이름은 동백기름이 귀하고 비싼 시절, 일반 백성의 살림집에서 동백나무처럼 쪽동백나무의 기름을 짜서 머리에 바를 수 있어 동백이 붙은 것입니다. 다시 말해 동백과는 거리가 있지만, 기름이 나오는 작은 동백으로 여겨 쪽동백나무라고 부른답니다.

꽃은 흰색으로 10~20송이

수십 개의 꽃송이가 아래를 향해 달려요.

수술의 노란색 꽃밥이 두드러져 보여요.

가 아래를 향해 피어나며, 꽃의 끝이 5갈래로 갈라져 있습니다. 비록 때죽나무보다는 향기가 옅지만, 이들의 향기도 좋은 편입니다. 꽃받침은 5~9갈래로 갈라져 있고, 노란 꽃밥을 가진 수술이 10개, 암술은 한 개랍니다. 가을에 노란 단풍이 드는 쪽동백나무 잎은 뒷면에 털이 많이 나 있으며, 그 크기는 작은 것은 손바닥만 하고, 큰 것은 사람 얼굴을 다 덮을 정도입니다. 줄기 색은 때죽나무보다 옅어서 회색을 띠지요.

동백나무보다 때죽나무에 가까운 쪽동백나무를 때죽나무와 비교해 볼까요? 잎의 크기가 어느 것이 큰지, 열매의 크기가 어느 것이 큰지, 줄기의 색이 어느 것이 더 시커먼지 등을 관찰하다 보면 어느새 때죽나무와 쪽동백나무를 잘 구분하게 될 것입니다.

 **비밀 속으로**

사람들은 동백나무, 쪽동백나무 등의 열매에서 채취한 기름을 머리에 바르곤 합니다. 채취한 기름의 성분은 무엇이기에 머릿기름으로 사용할까요?

(⇨비밀 들여다보기 192쪽)

비밀의 주인공 33

커다란 잎 뒤에 숨은
튤립나무

분류: 목련과
만날 수 있는 때: 5~6월

가끔 무언가가 불쑥 우리 곁에 다가와 있었다는 사실에 놀랄 때가 있는데 튜울립나무가 그런 경우일 것입니다. 왜냐하면 1925년쯤 북아메리카에서 건너와 어느덧 널리 퍼져 동네 가로수로 심심찮게 만날 수 있기 때문입니다. 키가 큰 나무라 하늘을 향해 올려다보지 않으면 그냥 지나치기 일쑤인데 관심을 가지고 보면 "아, 이것이 튜울립나무구나!" 하고 뒤늦게라도 알 수 있답니다. 튜울립나무라는 이름은 튤립(백합) 형태의 꽃이 달리는 나무라서 붙은 이름입니다. 물론 꽃잎도 튤립 모양이고요. 어떤 사람들은 튤립나무 또는 백합나무라고도 하지요. 참고로,

꽃의 수술이 풍성해요.

튤립나무는 약 13미터 높이로 크게 자라서 꽃을 보기가 쉽지 않아요.

영어 이름은 'yellow popular'로 미루나무(포플러)처럼 빨리 자라서 붙은 이름이라고 합니다.

    대개 사람들은 튤립나무가 주황빛 꽃잎에 붉은 점무늬가 있는 꽃을 피운다는 사실을 잘 모르고 있습니다. 키가 크다 보니 꽃이 잎에 가려 잘 보이지 않기 때문입니다. 꽃의 안쪽 속살을 들여다보기는 더 어려운데 튤립나무는 목련과에 속하는 나무라 목련의 속살과 비슷하게 생겼답니다. 꽃받침 3장에, 꽃잎 6장으로 녹황색을 띠며, 아래쪽에 오렌지색 점무늬가 있습니다. 수술의 수는 상당히 많고, 꽃밥 자체도 길이가 꽤 긴 편입니다. 잎 모양도 예사롭지 않은데 잎의 끝부분은 직선으로 각이 잡혀 있고, 가장자리는 간단한 곡선으로 여유를 부리는 모습이 나름 매력적입니다. 어린이들이 가면으로 사용할 수 있을 정도로 잎의 크기가 큽니다.

보기에도 좋을 뿐 아니라 병충해에도 강하고, 목재로도 이용 가치가 높으며, 쑥쑥 자라서 녹음을 만들고, 가을에 노란 단풍잎도 선사해 주는 튜울립나무……. 생장과 적응력이 좋은 튜울립나무는 빨리 자라는 특성으로 인해 공원 나무나 꿀을 얻는 밀원으로 유망한 수종이지요. 5~6월에 한창 꽃을 피우니 잘 찾아보도록 합니다.

 **비밀 속으로**

튜울립나무 꽃의 수술을 관찰하고 꽃밥의 길이를 자로 재어 보세요. 꽃밥의 길이가 길어서 얻을 수 있는 이점은 무엇일까요?

(⇨비밀 들여다보기 193쪽)

비밀의 주인공 34

꽃 색의 마술사
인동덩굴

분류: 인동과
만날 수 있는 때: 5~6월

겨울에도 추위를 이겨 내고 잎이 푸르름을 유지하는 덩굴 식물이라고 해서 인동(忍冬)덩굴이라 이름 붙었답니다. 사실 겨울에도 항상 푸른 잎을 유지할 수 있는 곳은 남쪽 지방이고, 좀 추운 북쪽 지방으로 올라갈수록 잎 일부가 남아서 반상록 상태가 되며, 더 추운 지방에서는 줄기가 마르지 않고 겨울을 견디어 봄에 다시 새순을 내기도 합니다. 그만큼 힘든 환경에도 잘 버틸 수 있는 강인한 식물이기에 어려움을 참고 견딘다는 말(忍: 참을 인)이 식물 이름에 들어간 셈이지요.

인동덩굴은 등나무처럼 덩굴지는 덩굴성 식물입니다. 덩굴은 오른쪽으로 다른 나무를 감아 올라가나 더러는 왼쪽으로 감아 올라가는 예도 있다고 합니다. 꽃은 잎겨드랑이에 1~2개씩 달리며, 꽃잎 끝이 5갈래로 갈라져 있고, 그중 한 개가 깊게 갈라져서 뒤로 말려 있답니다. 수술은 5개이고 암술은 한 개이지요. 인동덩굴의 숨은 비밀 중 하나는 꽃잎이 마치 마술을 부리듯 하얗

인동덩굴은 산과 들의 양지바른 곳에서 자라요.

게 피었다가 점차 노란색으로 변한다는 점이랍니다. 사실 이것은 하얗게 핀 꽃에 나비나 벌이 다녀간 후 이미 내 꽃에는 나비나 벌이 다녀갔노라 하는 신호를 보내는 것입니다. 착하게도 곤충들의 수고로움을 덜어 주는 의사 표현인 셈입니다. 색이 변하는 것을 보고 금과 은이 생각났는지 인동덩굴은 금은화(金銀花)라는 별명도 얻었답니다.

　　인동덩굴의 쓰임새는 아주 많습니다. 삼국 시대에는 건축 공예의 장식 무늬로 사용되었다고 해요. 고구려 강서 대묘의 천장 굄돌, 발해의 도자기 그림, 백제 무령왕의 관 장식, 천마총의 천마도 둘레에서 보이는 인동덩굴 무늬가 그것입니다. 또 바구니를 만드는 데에도 사용된다고 합니다. 그러나 뭐니 뭐니 해도 인동덩굴은 그 은은한 향기가 특징인 꽃이어서 녹차에 꽃 한 송이 띄워 마시면 일품이랍니다.

비밀 속으로

인동덩굴의 줄기가 감아 올라가는 방향이 오른쪽인지, 아니면 왼쪽인지 관찰하고 등나무 줄기나 칡 줄기와 비교해 보세요.

(⇨비밀 들여다보기 193쪽)

비밀의 주인공 35

족제비 꼬리가 달린
족제비싸리

분류: 콩과
만날 수 있는 때: 5~6월

식물 이름에 동물 이름인 족제비가 붙었습니다. 족제비를 닮은 뭔가가 있다는 뜻이겠지요. 콩과 식물인 족제비싸리는 꽃을 피울 때가 되면 꽃대가 곧추서는데 그 모양이 족제비 꼬리를 닮아 이런 이름을 얻었답니다. 그럼 싸리라는 이름은 어디에서 왔을까요? 다양한 견해가 있으나 빗자루를 만들어 쓰는 싸리비를 생각하면 '쓸다' 라는 것과 관련이 있을 듯합니다. 여하튼 족제비싸리의 보라색 꽃대는 황갈색인 족제비 꼬리와 색깔만 다를 뿐 그 길이나 모양을 보면 영락없이 닮았답니다.

　　꽃은 약 6밀리미터로 크기가 매우 작으며, 보랏빛으로 핍니다. 비록 크기는 작지만 진한 향기를 풍기고, 꽃받침에 꿀샘도 많이 있답니다. 꽃부리 한가운데에 큰 꽃잎이 있는데 특히 귤색의 꽃밥이 눈에 확 들어오지요. 잎은 잎자루 양쪽에 새의 날개처럼 붙은 모습이며, 11~25개의 작은 잎이 달려 있습니다. 꽃에서 내뿜는 좋은 향기와는 달리

족제비싸리는 척박한 땅에서도 잘 자라요.

꿀샘이 발달해 곤충들이 많이 찾아와요.

잎과 줄기에 상처가 나면 역겨운 냄새를 피운다고 합니다.

족제비싸리는 1910년 일제 강점기 때 중국을 통해 들여온 나무로 북아메리카 남부 지방이 고향이라고 합니다. 다 자라면 높이가 3미터쯤 되며, 잎이 달린 모양을 보면 같은 콩과식물인 아까시나무와 비슷합니다. 다시 말해 싸리나무라는 이름이 붙었으나 아까시나무와 더 가깝다는 뜻이지요. 조선 시대 말, 우리나라 산은 대부분 민둥산이었는데 이때 민둥산을 푸르게 하는 작업의 하나로 아까시나무를 들여왔듯이 족제비싸리도 들여왔습니다. 족제비싸리는 사실 고마운 나무입니다. 척박한 땅에서 자라 나름 푸르게 산하를 바꾸면서도 우리 토종 나무들이 들어오면 서식지를 물려주고 사라져 가는 나무이니까요. 등산길이나 제방길에서 족제비싸리를 만난다면 칭찬 한 마디씩 해 주기 바랍니다.

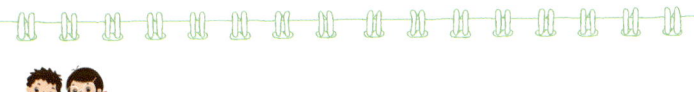

비밀 속으로

족제비싸리의 잎과 줄기는 상처가 났을 때 역겨운 냄새를 피워요. 이것은 족제비싸리에 어떤 이점이 있을까요?

(⇨비밀 들여다보기 193쪽)

비밀의 주인공 36

열매 모양이 쥐똥 같은
쥐똥나무

분류: 물푸레나무과
만날 수 있는 때: 5~6월

해마다 5월 끝 무렵에서 6월 언저리 사이에 꽃 모양이나 나무 생김새보다 은은한 향기로 먼저 다가오는 식물이 있습니다. 이름은 좀 고약스러운 쥐똥나무랍니다. 은은한 향기에다 하얗고 자그마한 귀여운 꽃을 피우는데 왜 이름은 쥐똥나무일까요? 가을에 맺히는 열매가 쥐똥같이 생겨서 쥐똥나무라고 부른답니다.

쥐똥나무의 마주나는 잎은 가장자리가 매끈하며, 1~2밀리미터쯤 되는 잎자루가 있습니다. 앙증맞은 꽃은 가지 끝에서 하얗게 무리 지어 피는데 꽃 한 송이를 보면 꽃부리가 4갈래로 갈라진 통꽃입니다. 꽃부리에는 2개의 수술과 한 개의 암술이 달려 있습니다.

열매가 쥐똥처럼 생겼어요.

꽃부리는 종 모양이에요.

쥐똥나무는 향기로 자신의 존재를 알리지만, 실용적으로는 울타리로 우리에게 모습을 드러내는 나무랍니다. 나뭇잎이 풍성하고 가지가 촘촘해서 울타리로 사용하기에 안성맞춤이기 때문입니다. 게다가 사람들이 가지치기하며 훼손해도 바로바로 원상 복귀되어 무성함을 유지하니 참 고마운 울타리용 나무이지요. 얼마나 촘촘한지 고양이조차도 가지 사이를 제대로 비집고 들어가기 어려울 정도랍니다. 공해와 추위에도 강하니 이 얼마나 좋을까요. 가끔 잎 표면이 하얀 가루를 뒤집어쓴 것처럼 보일 때가 있는데 초파리를 닮은 백랍 벌레가 주범이에요. 백랍 벌레가 만들어 놓은 백랍으로 초를 만들면 밀랍보다 성능이 좋다고 하니 하얀 가루를 잘 모아서 한번 만들어 보는 것도 재미있을 거예요.

 **비밀 속으로**

쥐똥나무를 비롯하여 5~6월에 꽃을 피우는 식물의 절반 정도가 흰색이라고 해요. 왜 이런 일이 일어나는지 생각해 보세요.

(⇨비밀 들여다보기 194쪽)

비밀의 주인공 37

비단으로 수놓은 둥근 꽃
수국

분류: 범의귀과
만날 수 있는 때: 5~6월

사는 곳에 따라 꽃잎의 색깔이 결정되는 수국이 나름 화려한 꽃을 피웠습니다. 지금은 수국의 한자어 표기가 물 수(水)이지만 원래는 꽃의 화려함이 비단으로 수(繡)를 놓은 것 같고, 꽃이 달리는 모양새가 둥근 공(毬) 모양이라 수구화(繡毬花)라고 이름 붙였는데 이것이 변해서 수국이 되었다고 합니다. 원래 중국이 고향인 수국은 일본에 전해져 다양한 교배 끝에 원예종이 탄생하였고, 이름마저 수국(水菊)으로 변했답니다. 물을 좋아하는 꽃이라서 이름에 물(水: 물 수)이 들어간 수국으로 변했을 것입니다. 해마다 수국이 필 때쯤 장마가 시작되는 것으로 알려졌으나 기후 변화로 말이 바뀔지도 모르겠습니다.

수국은 풀이 아니라 나무이고, 최대 일 미터가량 자랄 수 있답니다. 줄기 끝에서 둥글둥글 피어나는 수국의 꽃을 자세히 들여다보면 꽃잎처럼 보이는 것은 사실 꽃받침이며, 그 안쪽에 아주 작은 꽃잎이 있고, 또 그 안쪽에 10개쯤 되는 수술과 퇴화한 암술대가 있는 것을 알 수 있습니

꽃잎처럼 보이는 꽃받침 안쪽으로 작은 꽃(위쪽 점선 부분)이 피었어요.

다. 자손의 번성을 담당하는 꽃이 자기 기능을 하지 못하는, 곧 씨를 맺지 못하는 원예종이지요. 가장자리에 톱니가 있는 잎은 서로 마주납니다.

꽃 색은 분홍빛, 보랏빛, 하늘빛, 파란빛, 흰빛 등이 있는데 꽃 색에는 놀라운 비밀이 숨어 있답니다. 토양이 산성이면 푸른색, 알칼리성이면 분홍색 계통으로 꽃 색깔이 결정된다는 것이지요. 이러한 사실은 과학 시간에 산성 용액이 푸른색 리트머스 종이를 붉게 바꾸고, 염기성 용액이 붉은색 리트머스 종이를 푸르게 바꾸는 현상으로 이미 경험해 보았겠지요? 그런 신비한 경험을 꽃 색에서 찾을 수 있으니 이보다 더 놀랄 만한 일이 또 있을까요? 수국은 이름 속에 물이 있듯이 물을 자주 주어야 잘 기를 수 있다고 합니다. 그야말로 여름은 수국의 계절이며 수국은 여름의 시작을 알리는 꽃이라 하겠습니다.

 **비밀 속으로**

수국의 꽃 색이 토양에 따라 달라지는 이유는 무엇인지 알아보세요.

(➪비밀 들여다보기 194쪽)

비밀의 주인공 38

사철 푸르른
사철나무

분류: 노박덩굴과
만날 수 있는 때: 5~7월

봄, 여름, 가을, 겨울 사계절 늘 잎이 푸른 나무라서 사철나무라는 이름이 붙었답니다. 이름 자체가 항시 푸르름을 뜻하니 뭔가 희망적이고 영원히 계속되며 게다가 사계절 내내 우리에게 쉼터를 만들어 줄 것 같은 느낌을 줍니다. 사철나무는 척박한 땅에서도 잘 살아가기 때문에 어떤 시인은 사철 푸르름으로 계절이 달아나지 않으며, 이 땅의 웬만한 사람들의 삶에 휴식처가 된다고 노래했답니다.

수술의 길이가 꽃잎만큼 길어요.

그냥 무심코 지나치기 쉬워 사철나무도 꽃이 필까 하는 생각이 들 수 있습니다. 결론은 사철나무도 열심히 꽃을 피운답니다. 아주 작은, 지름이 5밀리미터 안팎의 녹색을 품은 흰색 꽃이 조밀하게 달리지요. 꽃받침 조각, 꽃잎 모두 각각 4장씩 있으며, 수술은 4개, 암술은 한 개 있습니다. 꽃잎의 정확한 마주나기 대칭과 꽃잎 길이만큼 긴 수술의 모습은

가을에는 붉은 열매가 달려요.

139

기하학적 구조의 탄탄함을 보여 줍니다. 잎의 광택은 사철나무 특징 중 하나이고, 가을철에 달리는 붉은 열매도 있으니 그냥 지나치지 말고 관심을 가져 보세요. 관심을 가지고 보면 무엇이든 아름답다는 것을 느낄 수 있을 것입니다.

　사철나무는 훌륭한 울타리 역할을 하는 나무예요. 안채와 사랑채를 구별해 주고, 학교 울타리가 되어 주기도 하고……. 정원사들에 의해 마구 잘려 나가도 생명력이 강해 자연 상태로 두면 나름 키도 커지고 줄기도 굵어진답니다. 울산에 있는 사철나무는 7미터 높이에 둘레가 100센티미터나 된다고 하지요. 100년 이상 된 독도의 사철나무는 육지의 사철나무보다 키가 작지만, 바닷바람과 척박한 토양을 이겨 낸 강인한 정신으로 우리 땅 독도를 지키고 있답니다.

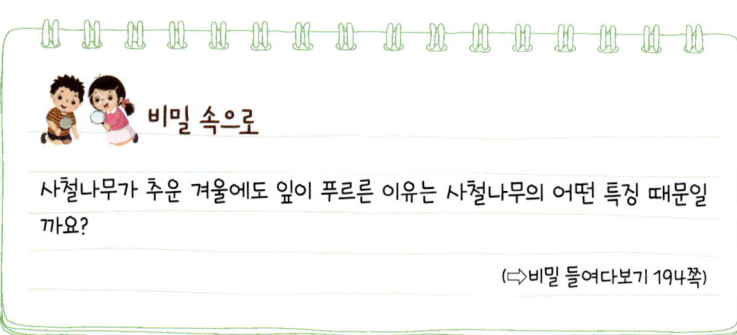

비밀 속으로

사철나무가 추운 겨울에도 잎이 푸르른 이유는 사철나무의 어떤 특징 때문일까요?

(⇨비밀 들여다보기 194쪽)

비밀의 주인공 39

바닷가에 곱게 핀
해당화

분류: 장미과
만날 수 있는 때: 5~7월

"해당화가 곱게 핀 바닷가에서/ 나 혼자 걷노라면 수평선 멀리/ 갈매기 한두 쌍이 가물거리네/ 물결마저 잔잔한 바닷가에서~" 해당화는 이렇게 「바닷가에서」라는 동요의 노랫말처럼 바닷가를 떠올리게 하는 대표적인 나무입니다. 물론 해당화는 산기슭에도 살고, 우리나라 바닷가에는 대부분 살고, 이제는 원예용으로 우리 앞마당에서도 살고 있답니다. 그러나 해당화(海棠花)의 한자 이름에 바닷가에서 핀다고 해(海: 바다 해)를, 당 꽃(팥배나무나 산사나무 꽃)처럼 핀다고 당(棠: 팥배나무 당)을 넣은 것을 보면 아무래도 바다와 더 관련 있는 나무라 할 수 있습니다.

해당화는 키가 일 미터쯤 자라는데 장미과 식물답게 줄기

흰색 꽃이 피는 흰해당화예요.

해당화 열매는 붉게 익고, 먹을 수 있어요.

와 가지에 가시가 있습니다. 잎에는 잔털이 나 있고, 잎 가장자리는 작은 톱니 모양입니다. 새로 돋는 가지 끝에서 꽃대가 나와 붉은 꽃을 피우지요. 끝이 오목한 모양의 꽃잎이 5장 있는 꽃은 보통 1~3송이씩 달립니다. 꽃받침통은 전체적으로 둥근 모양이고, 녹색의 꽃받침 조각은 길쭉한 모양으로 서로 붙어 있답니다. 수술은 많고, 꽃밥은 노란색이에요.

해당화는 은은한 특유의 향기가 있어서 향수의 재료로도 쓰이며, 주머니 안에 꽃을 넣어 향기 주머니로도 사용한답니다. 또 꽃잎을 말려 차로 마시기도 하고, 술로 담가 먹기도 합니다. 모두 그 특유의 향을 좋아하는 덕분입니다. 요즘은 원예종으로 내륙이나 마당에도 심고, 흰색의 해당화와 겹꽃인 해당화 등을 개발하기도 하였답니다.

 비밀 속으로

해당화 수술의 수가 일정한지 꽃 세 송이만 골라 수술의 수를 헤아려 보세요. 수술의 수가 많아 해당화가 얻을 수 있는 이점은 무엇일까요?

(➡비밀 들여다보기 195쪽)

비밀의 주인공 40

황금빛 비가 내리는
모감주나무

분류: 무환자나무과
만날 수 있는 때: 6~7월

날씨가 점점 더워지면서 노란 꽃으로 뒤덮인 나무를 볼 수 있을 것입니다. 도로변이나 정원에서 흔하게 볼 수 있는 모감주나무랍니다. 모감주나무의 이름은 어떻게 지어진 것일까요? 여기에는 여러 가지 설이 있답니다.

1) 옛날 벼슬아치들이 상납 받은 물건을 넣는 주머니를 모감 주머니라고 했는데 모감주나무의 열매 모양이 모감 주머니를 닮아서 지었다는 설.

2) 중국 송나라의 도력이 높은 '묘감'이란 스님의 이름에 구슬을 뜻하는 '주' 자를 붙여 지었다는 설.

3) 불교의 깨달음을 뜻하는 묘각에서 유래되었다는 설.

여러분은 어느 것이 더 그럴듯하게 느껴지나요? 모감주

모감주나무는 무리지어 자라는 경우가 많아요.

나무의 영어 이름은 'golden-rain tree'입니다. 얼마나 황금을 기다렸으면 노란 꽃을 황금빛에 비유했을까요? 이름이야 어쨌든 노란 꽃의 향연이 초여름을 물들입니다.

모감주나무의 노란색 꽃은 꽃잎이 4장으로 모두 위를 향해 있는 것이 특징입니다. 꽃잎 아래쪽의 중심부가 붉은색을 띠었고, 수술은 8개이며, 암술은 한 개입니다. 수술을 잘 보면 수술대 밑에 긴 털이 있습니다. 꽃이 지면 녹색을 띤 꽈리 같은 열매가 달리는데 그 안에 3개의 씨앗이 들어 있고, 가을이 되면 열매는 점

꽃잎은 위를 향하고 한쪽이 비어 있어요.

꽈리 모양의 열매는 시간이 지날수록 갈색으로 변해요.

점 진한 갈색으로 변합니다. 열매가 완전히 익으면 검은색 종자 3개 정도가 그 열매에서 나온답니다.

　모감주나무를 염주나무라고도 부릅니다. 염주나무가 따로 있는데도 말입니다. 여기에는 재미있는 비밀이 숨어 있답니다. 바로 모감주나무의 씨를 염주를 만드는 데 사용했다는 사실이지요. 눈치 빠른 사람들은 짐작했겠지만, 모감주나무는 이런 이유로 사찰에서 많이 심었습니다. 사실 노란 꽃이 피었을 때는 이 나무에 별 관심이 없다가 꽃이 지고 꽈리처럼 생긴 열매가 달리면 관심도가 폭발적으로 늘어납니다. 불교 신자가 아니라도 간절히 바라는 일이 생겼을 때 염주 알을 꿰어 보는 건 어떨까요? 혹시 원하던 바를 이룰 수 있을지도 모르니까요.

 **비밀 속으로**

모감주나무 꽃은 방향이 위쪽을 향하고 있어요. 이렇게 위쪽으로 꽃이 피는 것은 모감주나무에 어떤 이점이 있을까요?

(⇨비밀 들여다보기 195쪽)

ⓒ지성사

> 비밀의 주인공 41

열매를 맺을 줄 아는
산수국

분류: 범의귀과
만날 수 있는 때: 6~7월

산수국이 꽃을 피워 냅니다. 산수국이란 한마디로 산에서 살아가는 수국이라는 뜻입니다. 수국이라는 이름은 비단으로 수(繡) 놓은 것 같은 화려한 꽃 그리고 둥근 공(毬)처럼 꽃이 달리는 모양새라 수구화(繡毬花)라 부르던 것이 수국이 되었답니다. 산수국, 나무수국, 등수국, 떡갈잎수국 등등은 모두 수국 종류에 속합니다. 산수국은 이들 중 하나로 열매를 맺지 못하는 수국과 달리 열매를 맺을 수 있답니다. 수국이 열매를 맺을 수 없는 꽃만 달고 있다면 산수국은 열매를 맺을 수 있는 꽃을 달고 있다는 뜻입니다.

산수국은 새로 나온 가지 끝에 꽃들이 편평한 모양으로

산수국은 열매를 맺을 수 있는 양성화(가운데 부분) 주변으로 꽃잎처럼 생긴 무성화가 피어나요.

피어나는데 꽃자루의 길이가 위로 갈수록 짧아지면서 꽃대 끝이 거의 같은 높이를 이룹니다. 그 편평한 꽃들의 둘레에 열매를 맺지 못하는 무성화가 피어납니다. 무성화는 꽃잎 같은 꽃받침 조각이 3~4장 있으며, 약간 짙은 하늘색을 띠고 있답니다. 열매를 맺을 수 있는 수술과 암술이 있는 양성화는 각각 5장의 작은 꽃받침 조각과 꽃잎을 가지고 피어납니다. 수술은 5개, 암술은 한 개 있습니다. 무성화를 극대화한 원예종이 수국이라고 생각하면 됩니다.

산수국의 무성화는 그 크기가 양성화보다 커서 벌과 나비들의 눈에 잘 띤답니다. 산골짜기에서 곤충들에게 잘 발견되도록 하는 게 임무인 셈이지요. 산수국의 꽃잎도 토양에 따라 그 색을 바꿉니다. 산성이 높으면 파란색, 알칼리성이 높으면 분홍색 계통의 꽃이 핍니다.

 비밀 들여다보기

작년에는 산수국의 꽃이 파란색이었어요. 그런데 올해에는 꽃을 분홍색 계통으로 바꾸고 싶어요. 어떻게 해야 가능할지 토양의 성질과 꽃잎 색과의 관계를 조사하고 생각해 보세요.

(⇨비밀 들여다보기 195쪽)

비밀의 주인공 42

댕강댕강 잘 떨어지는
꽃댕강나무

분류: 인동과
만날 수 있는 때: 6~10월

휘청거리는 늘씬한 작은 가지 끝에 종 모양 꽃이 달리고, 은은한 향기가 코를 휘감으며 우리의 눈길을 끄는 나무가 있어요. 정원에 심거나 가로수로도 심는 지역이 늘어 쉽게 찾아볼 수 있는 꽃댕강나무랍니다. 공해에도 강한 편이라 도로변에 심어도 자동차에서 뿜어내는 황산화물이나 질소산화물과 같은 유해 물질에도 잘 버티면서 아름다움과 좋은 향을 선사하니 참 고마운 작은떨기나무입니다. 그런데 왜 이름이 꽃댕강나무일까요? 꽃댕강나무는 댕강나무가 있어 존재하는 이름일 것입니다. '댕강'의 뜻이 '작은 물체가 단번에 잘리거나 가볍게 떨어지는

꽃댕강나무는 약 1~2미터 높이로 자라요.

모양을 나타내는 말'이란 데서 알 수 있듯이 댕강나무는 새로 나오는 가지나 꽃이 댕강댕강 잘 떨어진다고 하여 붙은 이름이라고 해요. 이것을 원예종으로 개발한 것이 꽃댕강나무입니다.

꽃댕강나무의 꽃은 종 모양으로 2센티미터쯤 됩니다. 연분홍색이나 흰색으로 피어나며, 끝은 5갈래로 갈라져 있답니다. 붉은 갈색을 띤 꽃받침 조각은 2~5장까지 다양합니다. 꽃댕강나무의 수술은 4개이고 암술은 한 개이며 꺾꽂이로도 잘 번식하는 식물입니다.

흔히 꽃집에서는 아벨리아로 판매하기도 하는데, Abelia는 꽃댕강나무의 분류학상 명칭으로 중국에서 활동한 영국인 의사이자 식물학자인 클라크 아벨(Clarke Abel, 1780~1826년)에서 유래한 것이라고 합니다. 꽃꽂이할 때 꽃집에서 아벨리아로 부르면 꽃댕강나무라는 우리 이름도 가르쳐 주면 어떨까요?

 비밀 속으로

꽃댕강나무의 향기는 곤충들에게도 매력적일 거예요. 은은한 향기와 꽃잎 색이 식물 사이에서 어떤 규칙성을 띨지 생각해 보세요.

(➪비밀 들여다보기 196쪽)

비밀의 주인공 43

밤에 자는
자귀나무

분류: 콩과
만날 수 있는 때: 6~7월

동네의 멋진 새들이 이 나무를 방문했나 봅니다. 화려한 깃털들을 수없이 나무에 붙여 놓았으니 말입니다. 바로 자귀나무입니다. 식물의 꽃은 저마다 아름다운 자태를 뽐내면서 벌이나 나비에게 선택 받기를 바라는데 그런 것을 고려하더라도 자귀나무의 꽃은 참으로 기이합니다.

자귀나무라는 이름은 어디에서 비롯되었을까요? 자귀나무는 밤만 되면 잎들이 서로 마주나면서 부둥켜안듯이 접히

자귀나무는 약 3~8미터 높이로 자라요.

위가 붉고 아래가 흰 기다란 수술들이 우산처럼 퍼지는 꽃이 피어요.

꽃받침과 꽃부리는 연한 녹색을 띠어요.

　는데 이를 보고 잠자는 나무라는 의미로 자다는 말에서 나온 '자'와 어귀의 '귀'가 합쳐진 이름으로 보는 견해가 있답니다. 물론 다른 견해들도 있으나 대체로 잎이 밤에 접히는 것을 빗댄 것들입니다.

　작은 가지 끝에서 꽃대가 올라와 꽃을 피웁니다. 꽃받침과 꽃부리는 있는 듯 없는 듯 조용히 녹색을 띠었답니다. 25개 안팎으로 한 조를 이룬 수술이, 윗부분은 붉은색으로 아랫부분은 흰색으로 치장하고 그 모습을 드러냅니다. 긴 실처럼 흩어진 수술이 부챗살처럼 모인 독특한 모습은 곤충들에게 매력을 발산하기에 충분해 보입니다. 불그스레 수줍은 듯 길게 뻗은 수술의 아름다움에 꽃잎은 어디론가 알아서 사라진 듯 우리 눈에 잘 띄지 않습니다. 꽃이 지고 나면 콩과 식물답게 꼬투리가 매달리지요.

자귀나무는 나뭇가지를 옆으로 넓게 퍼트린 모습이 세상의 모든 고민을 안아 줄 듯한 모양새입니다. 또 꽃에서 은은하면서도 달콤한 향이 나기에 벌들이 자주 찾아오는 나무이기도 합니다. 자귀나무의 영어 이름은 persian silk tree 또는 pink silk tree입니다. 이름에 '실크(silk, 비단)'가 있으니 서양에서도 고급스러운 나무라 생각했나 봅니다.

비밀 속으로

자귀나무는 꽃잎보다는 수술을 치장한 나무라고 할 수 있어요. 자귀나무 입장에서 이런 특징은 어떤 이점이 있을까요?

(⇨비밀 들여다보기 196쪽)

비밀의 주인공 44

여러모로 쓰임새가 많은
실유카

분류: 용설란과
만날 수 있는 때: 6~7월

흰색의 '종'들이 100개 이상이나 달린 실유카의 모습이 기이하기만 합니다. 실유카는 작은떨기나무로 아메리카 해안이 고향인 귀화식물입니다. 관상용으로 심심찮게 볼 수 있지요. 원래 유카(yucca)라는 이름은 서인도 제도에 속한 아이티(Haiti)의 지명에서 유래하였는데 그 유카를 붙인 식물이 있고, 실유카는 유카라는 이름 앞에 '실'이라는 글자를 붙인 것이랍니다. 짐작한 대로 생긴 것은 유카와 비슷하나 유카와는 달리 실이 있다는 의미입니다. 잎의 가장자리에서 실이 나오기 때문에 실을 붙여 실유카가 된 것이지요. 영어 이름이 'Adam's needle(아담의 바늘)'이니 대략 '실과 바느질'로 동서양이 서로 통하고 있는 셈이라고나 할까요?

실유카의 하얀 꽃은 매우 매력적입니다. 종 모양의 꽃잎이 6장 있는 실유카는 수줍은 듯 아래를 향해 고개를 숙이고 꽃을 피운답니다. 꽃잎을 잘 열지 않지만, 그 속을 살짝 들여다보면 수술 6개와 암술 한 개를 관찰할 수 있습

실유카의 흰 꽃은 아래를 향해 달려요.

니다. 줄기는 거의 없으며, 땅속으로 뿌리가 잘 발달해서 척박한 땅에서도 살 수 있기에 세계 여러 곳에서 자라난답니다. 우리나라에서는 실유카를 가로수처럼 심은 동네도 있지요.

사실 실유카는 북아메리카에 살던 인디언들에게는 매우 귀중한 존재였습니다. 식량으로, 약으로, 생활 도구 등으로 활용하였던 인디언들의 지혜가 담긴 식물이지요. 꽃봉오리가 피기 전의 기다란 꽃자루를 요리해서 먹기도 하고(아스파라거스를 생각하면 됩니다), 열매를 날것으로 먹기도 하며, 뿌리를 갈아서 연고나 찜질 약을 만들었다고 합니다.

 비밀 속으로

실유카처럼 꽃잎이 낮보다 밤에 활짝 벌어지는 식물은 가루받이가 어떤 방식으로 일어날지 생각해 보세요.

(⇨비밀 들여다보기 196쪽)

비밀의 주인공 45

하늘을 향해 뻗는
능소화

분류: 능소화과
만날 수 있는 때: 6~7월

능소화는 공기 중으로 뻗어난 흡착 뿌리로 걸리는 것은 무엇이든지 타고 덩굴로 감고 올라가는 덩굴나무랍니다. 터미널 담벼락에도, 길가의 가로등에도, 오래되어 보이는 벽돌 건물에도, 흙담이든 돌담이든 담이란 담에는 모두 걸치고 앉을 정도이지요. 능소화라는 이름의 뜻은 무엇일까요? 능소화(凌霄花)의 한자를 보면 하늘(霄)을 능가(凌)하는, 다시 말해 하늘을 향해 뻗는다는 의미랍니다. 영어 이름이 'trumpet creeper(트럼펫 넝쿨)'임을 보면 트럼펫처럼 생긴 꽃 모양과 기어오르는 특성으로 이름이 지어졌음을 알 수 있습니다.

능소화 줄기가 여기저기 누비고 다니면서 그 와중에 예쁜 나팔 모양의 꽃을 내밉니다. 중국이 고향인 능소화는 노란빛이 도는 붉은색, 곧 주황색 계통의 꽃이 피는데 꽃부리는 깔때기 모양이고, 위쪽이 5갈래로 갈라져 있습니다. 녹색을 띤 꽃받침도 5갈래로 깊게 갈라져 있지요. 4개의 수술 중 2개가 긴데 꽃밥이 2

능소화 꽃밥이 2갈래로 갈라져 있어요.

갈래로 갈라진 모습이 특이하며, 암술은 한 개랍니다.

조선 시대에는 그 꽃의 아름다움으로 양반의 집에만 심었고, 상민의 집에서는 볼 수 없었다고 합니다. 그래서 양반 꽃이라 불리기도 한답니다. 그때는 능소화를 보려면 사찰로 갔다고 해요. 지금은 곳곳에서 볼 수 있으니 어느새 모두가 평등한 지위에 올라섰나 싶습니다. 한때는 잘 보이지 않았던 능소화를 이제 전국 어디에서나 쉽게 볼 수 있는 이유는 무엇일까요? 아마도 그것은 추위에 약한 능소화가 중부 지방에서는 월동하기가 어려웠는데 현재는 기후 변화의 영향으로 겨울을 잘 나게 되어 서식지가 북쪽으로 계속 올라왔기 때문일 것입니다.

 **비밀 속으로**

능소화는 수술의 생김새가 흔히 낚싯바늘같이 생겼다고 표현하는데 왜 그런지 자세히 관찰해 보세요.

(⇨비밀 들여다보기 197쪽)

비밀의 주인공 46

학자의 꿈을 키워 주는
회화나무

분류: 콩과
만날 수 있는 때: 7~8월

무더운 여름에 나무에 핀 꽃을 보는 것은 그리 흔한 일이 아닙니다. 노란색이 살짝 들어간 흰색 꽃이 기개가 웅장한 나무에 그 모습을 드러낸 것이 바로 회화나무랍니다. 회화나무라는 이름은 어떻게 생겼을까요? 중국이 고향인 회화나무는 잡귀신의 접근을 막는 나무로 집 앞에 심었는데 그 이름을 괴화(槐花)라 불렀다고 합니다. 이것을 중국 음으로 읽은 것이 회화이며, 여기에 나무가 붙어 회화나무가 되었다고 하지요.

회화나무의 잎과 꽃은 아까시나무를 닮았어요.

회화나무의 잎이나 꽃을 보면 아까시나무로 착각하기 쉽습니다. 잎의 생김새는 아까시나무처럼 생겼는데 적게는 7장으로 많게는 17장가량의 작은 잎들이 모인 깃꼴 겹잎입니다. 꽃 모양도 콩과 식물의 전형적인 모습으로 나비 모양을 한 연노랑 꽃들이 달리는데 보통 여러 송이가 원뿔 모양으로 달리는 것이 역시 아까

콩과 식물답게 꽃잎이 나비 모양이에요.

시나무와 비슷합니다. 물론 꽃 피는 시기가 다르니 구분은 되겠지만, 결정적으로 회화나무에는 가시가 없다는 것이 큰 차이랍니다. 수술은 10개이고 그 길이가 서로 다르답니다. 꽃이 진 후 생기는 열매의 모양도 콩꺅지처럼 생겼는데 꼬투리가 염주 모양처럼 잘록잘록하게 생겼답니다.

회화나무는 예부터 출세의 나무로 생각되었답니다. 이 나무를 심으면 집안에 학자를 많이 배출하고 게다가 부자까지 된다고 하였지요. 그래서 주로 양반 집에 많이 심었던 나무입니다. 회화나무의 영어 이름도 'scholar tree', 곧 '학자의 나무'인 것을 보면 역시 학문과 관계있는 듯합니다. 요즘은 개인 주택보다 아파트와 같은 공동 주택이 많은데 공동 주택에 회화나무를 심어 많은 사람들이 학문을 숭상하는 동네가 되었으면 합니다.

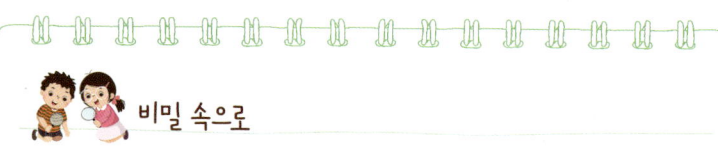

비밀 속으로

회화나무 꽃에서 추출한 성분으로 천연 농약 살충제를 만든다고 합니다. 회화나무 꽃의 어떤 특성 때문에 이것이 가능할까요?

(⇨비밀 들여다보기 197쪽)

ⓒ지성사

비밀의 주인공 47

삼천리 화려 강산
무궁화

분류: 아욱과
만날 수 있는 때: 7~8월

"무궁화 삼천리 화려 강산~" 괜스레 가슴이 뭉클해지는 애국가 가사이지요. 모두 알고 있듯이 무궁화는 우리나라 꽃이랍니다. 여름 한철 꽤 오랫동안 지켜볼 수 있는 꽃이지요. 무궁화 꽃 한 송이는 짧게 있다 우리 곁을 떠나가지만, 계속해서 꽃대가 올라오니 백여 일 이상 꽃 잔치가 펼쳐집니다. 무궁화라는 이름은 어디에서 비롯되었을까요? 다양한 견해가 있으나 아마도 무궁화의 중국 이름인 목근화(木槿花)가 발음 과정에서 무긴화→무깅화→무궁화로 변하면서 이 무궁화에 맞는 한자어를 빌려 무궁화(無窮花)라는 이름이 되었다는 견해가 가장 그럴듯해 보입니다.

암술대가 수술 통의 가운데를 뚫고 나왔어요.

꽃은 지름이 6~10센티미터이며, 한 송이씩 달립니다. 수술은 통째로 뭉쳐 있어 한 몸으로 되어 있고, 수술 통의 가운데를 뚫고 나온 암술대는 암술머리가 5갈래로 갈라져 있습니다. 꽃받침 조각이 있으며, 그 바깥쪽에는 꽃받침보다 가느다란 모양의 바깥 꽃받침이 있답니다. 꽃잎이 5장인 홑꽃을 기본으로 수술 절반이 꽃잎으로 변한 반겹꽃, 전체가 꽃잎으로 변한 겹꽃 등도 있습니다. 흰색 무궁화를 제외하고 비밀이 하나 있는데 꽃잎 안쪽에 적색 계통의 원형 무늬인 단심(丹心)이 있다는 점이랍니다. 참고로, 20여 종이 넘는 무궁화 품종이 있으나 그중 나라꽃의 표준으로 삼은 것은 분홍 꽃잎 가운데에 붉은 무늬가 있는 홍단심과 흰 꽃잎 가운데에 역시 붉은 무늬가 들어간 백단심이라고 합니다.

반겹꽃 무궁화

겹꽃 무궁화

꽃봉오리가 약재나 차로 이용될 뿐 아니라 대통령을 비롯

나라꽃의 표준으로 삼은 홍단심(왼쪽)과 백단심(오른쪽)

한 입법부, 사법부의 휘장이자 국기의 봉에 사용되는 나라꽃 무궁화. 새벽에 피기 시작하여 정오를 지나면서 활짝 피고 해 질 녘에 오므라들며 다음 날이면 땅에 떨어지는 무궁화 한 송이의 일생을 한 번이라도 눈여겨 관찰해 보았으면 합니다. 나라를 사랑하는 마음으로요.

 비밀 속으로

무궁화는 수술이 뭉쳐 있고, 뭉쳐 있는 수술의 중앙 부분으로 암술이 나옵니다. 이러한 형태는 무궁화의 가루받이에 어떤 이점이 있을까요?

(⇨비밀 들여다보기 197쪽)

비밀의 주인공 48

간지럼을 잘 타는
배롱나무

분류: 부채꽃과
만날 수 있는 때: 7~8월

푸르름 속에 그 선명한 색깔로 빛을 발하는 배롱나무. 추위에 약한 나무이지만 기후 변화에 따라 이제는 중부 지방에서도 쉽게 찾아볼 수 있고, 꽃피는 시기도 점점 빨라지고 있답니다. 배롱나무를 흔히 목백일홍이라고도 하는데 꽃이 백 일 동안 달린다고 해서 붙인 이름입니다. 배롱나무라는 이름도 바로 이 백일홍(百日紅)에 근원을 두고 있지요. 백일홍이 배길홍을 거쳐 배기롱으로, 여기에서 다시 배롱나무로 이름이 바뀐 것으로 알려져 있습니다. 사실 꽃 한 송이가 백 일 동안 피어 있는 것은 아니랍니다. 꽃 한 송이가 떨어지면 다른 송이가 계속 올라오는 이어달리기의 명수라서 백 일 동안 피어 있는 것처럼 보이는 것이지요.

수술 중에서 6개의 긴 수술만 번식에 관여해요.

흰색 꽃이 피는 흰배롱나무예요.

꽃잎은 6장이며, 특이하게 쭈글쭈글 주름이 접혀 있습니다. 다림질을 해 주고 싶은 마음이 들 정도입니다. 수술은 30~40개 정도로 상당히 많지만, 곤충들에게 대부분 먹거리로 제공되고 실제로 가장자리에 있는 6개의 기다란 수술이 번식을 담당하고 있답니다. 암술은 암술대가 수술 밖으로 나오고 한 개 있지요. 배롱나무 줄기는 얼룩덜룩하고 반질반질하여 쉽게 다른 나무와 구별할 수 있습니다. 참고로, 흰 꽃이 피는 배롱나무도 있습니다.

중국에서는 배롱나무를 자미화(紫微花)라고도 합니다. 당나라 때 장안의 자미성(紫薇省)에서 아름답게 피어난 꽃이라 하여 이름 붙였는데 우리나라에는 고려 시대 이전에 건너온 것으로 여겨집니다. 일본에서는 원숭이미끄럼나무라 부릅니다. 나무 타기의 달인인 원숭이도 떨어질 만큼 미끄럽다고 하여 붙은 이름입니다. 우리 조상들은 줄기에 간지럼을 태우면 잎이 흔들린다고 해서 간지럼나무라 부르기도 했답니다.

 **비밀 속으로**

배롱나무의 수술은 특이하게도 가장자리의 수술들만 가루받이에 참여하는 것으로 알려져 있습니다. 이렇게 수술 일부만 가루받이에 참여하는 전략은 배롱나무에 어떤 이점이 있을까요?

(➡비밀 들여다보기 198쪽)

비밀의 주인공 49

온 세상을 뒤덮는
칡

분류: 콩과
만날 수 있는 때: 7~8월

칡은 우리에게 무엇으로 다가올까요? 방학이면 시골 할머니 댁에서 껌처럼 질겅질겅 씹어 먹던 음식으로서의 칡, 갈근탕이라고 하여 몸이 으슬으슬해지면 먹는 한약이나 건강식품으로서의 칡, 덩굴 식물로 생태계를 망치는 나쁜 침입자로서의 칡……. 이 가운데 어떤 것으로 칡을 기억하나요? 칡은 매년 줄기가 굵어지기 때문에 나무로 분류한답니다. 칡이라는 이름은 아마도 칡덩굴을 줄처럼 이용하면서 줄이라는 글자가 즐로 변하고 그것이 칡으로 굳어진 것이라는 견해가 있답니다. 어쨌거나 칡은 아주 오래된 문헌에도 등장하는 것으로 보아 조상 대대로 무척 친숙한 식물임이 틀림없습니다.

칡뿌리는 오래전부터 식용되어 왔어요.

칡꽃은 나비 모양으로 피어요.

꽃은 붉은빛이 감도는 자주색으로 피는데 기다란 꽃대에서 꽃자루가 여러 개 있는 꽃이 밑에서부터 피어납니다. 콩과 식물 꽃답게 나비 모양으로 피지요. 꽃받침은 불규칙하게 5갈래로 갈라져 있고, 꽃봉오리를 감싼 꽃턱잎은 선형인데 작은 꽃턱잎은 좁은 달걀 모양이랍니다. 꽃잎은 모두 5장으로 나비 모양의 붉은색 큰 꽃잎 안쪽 중앙에는 노란색 무늬가 있어 곤충들을 불러 모읍니다. 중간에 작은 날개 모양의 꽃잎이 2장 있고, 아래쪽 2장의 꽃잎은 새 부리를 닮았는데 안쪽에 있는 한 개의 암술과 10개의 수술을 감싸고 있답니다. 줄기는 최대 18미터까지 자라며, 끝부분이 겨울에 말라 죽지만 뿌리는 살아남아 이듬해 봄에 다시 온 세상을 뒤덮는답니다.

칡에 얽힌 가장 유명한 이야기로 갈등(葛藤)을 생각해 볼 수 있습니다. 갈등이란 말을 사전에서 찾아보면 '개인이나 집단 사이에 목표나 이해관계가 달라 서로 적대시하거나 충돌함'이라고 나옵니다. 이때 갈은 칡 갈(葛) 자, 등은 등나무 등(藤) 자이지요. 모두 콩과 식물로 덩굴성 나무랍니다. 이들은 다른 식물이나 물체에 지탱하여 위로 자라는데 칡은 왼쪽(시계 반대 방향)으로 꼬면서 감싸 올라가고, 등나무는 오른쪽(시계 방향)으로 꼬면서 감싸 올라갑니다. 한 식물에 칡과 등나무가 함께 자라면 서로 다른 방향으로 엉켜서 죽을 수 있습니다. 물론 두 나무가 함께 살 수도 있겠지요. 여하튼 갈등이 있다면 칡과 등나무의 관계를 생각하면서 잘 풀어 보기 바랍니다.

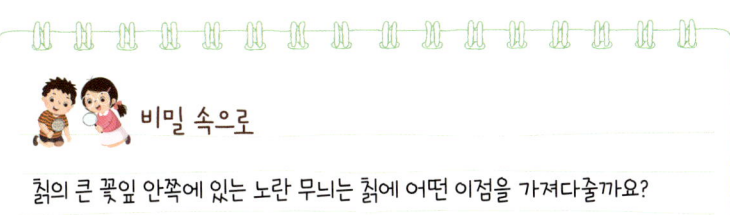

비밀 속으로

칡의 큰 꽃잎 안쪽에 있는 노란 무늬는 칡에 어떤 이점을 가져다줄까요?

(⇨비밀 들여다보기 198쪽)

ⓒ지성사

비밀의 주인공 50

누린내 나는
누리장나무

분류: 마편초과
만날 수 있는 때: 8~9월

이름도 희한한 누리장나무입니다. 여기서 누리라는 말은 누린내가 나는 장 냄새를 떠올리며 붙인 것이고, 장나무는 막대기를 뜻합니다. 누리장나무의 줄기나 잎에서 고약한 냄새가 나기 때문에 얻은 이름임을 알 수 있습니다. 잎을 조금 뜯어서 냄새를 맡아 보면 나무의 이름이 바로 생각날 것입니다. 물론 참지 못할 정도의 냄새는 아니랍니다. 어렸을 때 먹던 추억의 영양제 냄새가 난다는 사람도 있으니 얼마든지 견딜 만한 냄새겠지요.

수술이 꽃부리 밖으로 길게 튀어나왔어요.

양지바른 산비탈에서 꽃이 필 때는 지금까지 풍기던 냄새와는 다른, 나름 백합 향이 나는 흰색이나 연분홍색의 꽃을 피운답니다. 꽃부리는 끝부분이 5개로 갈라져 있고 붉은색 꽃받침도 5개로 깊게 갈라져 있습니다. 유난히 길게 튀어나온 4개의 수술과 한 개의 암술 모습이 매우 독특합니다.
　누리장나무는 사실 꽃도 예쁘지만, 열매가 아름답습니다. 열매가 맺힐 때 붉은색의 열매 받침이 말미잘 모양으로 펼쳐져 있으며, 가운데에 보석 알갱이 하나가 박혀 있는 모양새입니다.

열매 받침과 붉은 자주색의 열매가 브로치 모양을 닮았어요.

냄새나는 누리장나무 이미지와는 딴판인 셈입니다. 열매 받침과 열매는 거의 브로치같이 생겼습니다. 이 때문에 우리나라 개화기에 저고리를 여미는 고름이 브로치로 바뀌던 시절, 누리장나무 열매 모양의 디자인이 나름 한몫했다고 합니다. 열매의 예쁜 모습 때문인지 영어권에서는 'glory tree'라는 이름으로 부르기도 합니다. 중국이나 일본은 역시 냄새와 관련한 이름을 지었답니다. 중국에서는 냄새나는 오동나무라는 의미로 취오동(臭梧桐)이라 불렀고, 일본에서는 냄새 때문에 냄새나무라고 부릅니다. 동양은 냄새로, 서양은 모습으로 이름을 지었나 봅니다.

 **비밀 속으로**

누리장나무 꽃잎의 길이를 관찰하고, 아울러 수술과 암술 중 어느 것이 더 긴지 비교합니다. 그리고 이러한 특징이 누리장나무의 가루받이에 어떤 도움이 될지 생각해 보세요.

(⇨비밀 들여다보기 198쪽)

부록

비밀 들여다보기

01. 매실나무(매화나무)

매실나무의 꽃은 꽃잎보다 짧은 수술이 암술을 둘러싸고 긴 수술과 짧은 수술이 섞여 있어요. 암술의 수가 한 개인 것에 비해 수술의 수는 50여 개나 될 정도로 많습니다. 꽃 세 송이의 수술을 세어 보면 조금씩 개수가 차이 나는 것을 알 수 있어요. 한 나무의 꽃에서 약간의 변화는 있답니다.

02. 산수유

산수유는 꽃이 잎보다 먼저 피기 때문에 잎이 달린 후의 꽃과 비교하기는 어려워요. 그러나 꽃의 크기를 고려해 보았을 때 잎에서 광합성에 의해 꿀을 더 많이 만들 수 있으므로 잎이 달리기 전의 꿀의 양보다 잎이 달린 후의 꽃에서 생산하는 꿀의 양이 더 많을 거예요.

03. 미선나무

미선나무는 흙이 적고 돌이 많은 비교적 척박한 곳이나 산의 가장자리에서 자라요. 그 이유는 다른 나무에 비해 경쟁력이 약하다 보니 좋은 땅에서 밀려나 메마른 땅에서 경쟁을 피해 살기 때문이에요. 좋은 땅에서 미선나무를 잘 키우고 싶으면 경쟁 식물에 밀리지 않도록 보호해 주어야 해요.

04. 개나리

개나리에서 암술이 수술보다 긴 꽃을 장주화, 짧은 꽃을 단주화라고 해요. 장주화의 꽃가루는 암술이 짧은 꽃으로 옮겨지고, 단주화의 꽃가루는 암술이 긴 꽃으로 옮

겨집니다. 이처럼 장주화와 단주화는 동일한 식물종 안에서 꽃의 형태를 달리하여 같은 무리끼리 교배가 일어나는 근친 교배를 억제함으로써 다양한 유전자를 가지도록 진화한 결과물이라 할 수 있어요. 그러나 실제로는 사람들이 꺾꽂이로 번식시킨답니다.

05. 생강나무

긴 겨울이 지나고 봄이 되면 피는 생강나무 꽃은 꿀벌들의 소중한 식량원입니다. 생강나무의 수꽃과 암꽃은 벌에 꿀을 제공하는 대가로 벌을 끌어들여 가루받이(수분)에 성공하지요.

06. 백목련

암술과 수술의 성숙 시기를 달리하면 유전자가 동일한 암술과 수술의 가루받이를 막고, 다른 개체와 가루받이하여 유전자를 다양하게 할 수 있어요. 이는 변화하는 환경에 적응하는 데 도움이 됩니다.

07. 진달래

잎보다 꽃을 먼저 피우고, 그것도 쉽게 눈에 띄도록 색이 화려한 것은 벌과 같은 곤충들을 불러 모으기 위해서예요. 다른 식물이 꽃을 피우기 전에 먼저 꽃을 피움으로써 가루받이에 성공할 확률을 높이는 것입니다.

08. 왕벚나무

왕벚나무 잎자루 아래쪽을 보면 한 쌍의 작은 잎을 볼 수 있는데 그것을 턱잎이라고 해요. 턱잎은 눈이나 잎이 어릴 때 이를 보호하는 역할을 하지요. 왕벚나무 턱잎은 작은 잎 모양이지만 식물의 종류에 따라 가시 모양, 덩굴 모양 등 형태가 여러 가지예요.

09. 조팝나무

수술과 암술이 동시에 성숙하는 식물들에서 암술대와 수술대 길이가 서로 차이 나는 것을 볼 수 있어요. 암술대 길이가 수술대 길이보다 짧을 때도 있지만, 대개 길 때가 많아요. 암술이 수술보다 길 때는 곤충이 묻혀 온 꽃가루가 먼저 암술머리에 닿도록 하여 다른 개체와 가루받이가 될 가능성을 높여요. 암술이 수술보다 짧아 수술 안쪽에 있을 때는 제꽃가루받이(자가 수분)를 하며, 만약 제꽃가루받이를 하지 않을 때는 암술과 수술의 성숙 시기를 달리하여 근친 교배를 억제하지요.

10. 복사나무(복숭아나무)

잎사귀에 나 있는, 당분이 든 작은 돌기는 꿀샘이라고 할 수 있어요. 복사나무는 이 꿀샘에 있는 당분으로 개미 등을 불러 모으고, 이 개미들이 어린잎에 붙어 있는 애벌레 등을 잡아먹게 하는 일종의 개미와 나무의 공동 진화 현상을 보여 줍니다.

11. 라일락(서양수수꽃다리)

라일락 잎은 길이가 폭보다 길어요. 수수꽃다리 잎은 길이와 폭이 비슷합니다.

12. 박태기나무

박태기나무와 같은 콩과 식물의 뿌리에는 식물체에 필요한 공기 중의 질소를 단백질 등을 만드는 데 쓸 수 있는 형태로 바꿔 주는 뿌리혹박테리아가 공생하고 있어서 척박한 땅에서도 잘 자라게 해 주어요. 뿌리혹박테리아는 박태기나무로부터 성장과 번식에 필요한 양분과 산소를 얻지요.

13. 철쭉

철쭉처럼 꽃에 긴 수술과 짧은 수술이 함께 있으면 다양한 몸집의 곤충들을 불러 모을 수 있고, 이를 통해 가루받이의 확률을 높일 수 있어요. 대체로 몸집이 큰 벌들은 수술이 짧은 꽃보다 긴 꽃을 좋아하고, 몸집이 작은 벌들은 수술이 짧은 꽃이든 긴 꽃이든 가리지 않아요.

14. 황매화

겹황매화 세 송이의 꽃에서 볼 수 있는 꽃잎과 수술 등의 수는 다양하답니다. 대체로 겹황매화 꽃잎의 수는 약 150장으로 수술은 30여 개, 암술은 5개쯤 있어요. 꽃잎이 많을수록 수술의 수가 적은 편인데 그것은 수술이 꽃잎으로 변해서 수술의 수만큼 꽃잎에 반영되었기 때문일 거예요.

15. 모란

풀인 작약은 겨울에 육상의 잎과 줄기가 모두 말라 버리지만, 나무인 모란은 겨울이 지나도 육상에 줄기 부분이 남아 있어요. 그리고 작약은 대체로 일 년 단위로 생장하지만, 모란은 여러 해를 거듭하면서 생장하지요. 모란은 나이테가 생기지만 작약은 생기지 않는답니다.

16. 이팝나무

암꽃과 수꽃이 구분된다는 것은 동일한 꽃 안에서 일어나는 제꽃가루받이를 막는 효과가 있고, 이것은 유전적 다양성을 가지도록 해 줍니다. 유전적 다양성은 환경 변화에 더 잘 적응할 수 있는 오랜 진화의 산물이지요.

17. 화살나무

화살나무는 줄기의 날개 부분 사이에서 새순이 나오는데 다른 나무들보다 일찍 새순을 틔우기에 초식동물의 먹이가 되기 쉬워요. 그런데 날개 덕분에 새순을 지켜 낼 수 있으니 일종의 방어용 무기를 가진 셈이지요.

18. 참오동나무

꽃잎의 안쪽 면에 세로로 난 점선은 꽃을 찾아오는 벌들에게 꿀이 있는 곳을 안내하는 안내판 역할을 해요. 이는 참오동나무가 곤충들을 불러 모아 가루받이가 원활하게 이루어지도록 하는 데 이점이 있어요.

19. 등나무

등나무 꽃송이는 상태나 핀 계절 그리고 수령에 따라 적게는 50송이부터 많게는 수백 송이까지 달려요. 꽃향기가 강한 꽃들이 이렇게 포도송이처럼 뭉쳐 모여 있으면 가루받이를 도와주는 곤충들을 더 많이 불러 모을 수 있을 거예요.

20. 모과나무

암술머리가 갈라진 것은 갈라지지 않은 것보다 표면적이 더 넓어요. 표면적이 넓을수록 꽃가루가 묻을 확률이 그만큼 커지는 것이지요.

21. 붉은병꽃나무

꽃받침은 꽃의 가장 바깥쪽에서 꽃잎을 받치는 부분으로 깊이 갈라진 것보다 덜 갈라진 것이 꽃을 더 안정적으로 받칠 수 있을 거예요. 그러나 꽃받침이 덜 갈라진 것은 화려한 꽃잎을 더 많이 가리는 단점이 있어요. 이러한 요소들의 차이는 사는 곳의 환경에 적응한 결과물로, 예를 들어 바람이 많이 부는 곳에서는 꽃받침이 상대적으로 덜 갈라진답니다.

22. 큰꽃으아리

꽃잎과 꽃받침은 암술과 수술을 보호하며, 동시에 충매화에서는 곤충들의 눈에 잘 띄게 하는 역할도 해요. 일반적으로 꽃의 가장 바깥쪽 부분을 꽃받침이라고 하고, 안쪽 부분을 꽃잎이라고 하는데 경우에 따라 꽃잎과 꽃

받침의 구별이 없거나, 꽃받침이 심하게 변형되어 꽃잎만 남거나, 꽃받침만 있기도 해요. 큰꽃으아리와 같이 꽃잎처럼 화려한 꽃받침만 있을 때는 꽃자루에서 바로 이어진 것이 꽃받침이라고 생각하면 된답니다

23. 칠엽수

가시칠엽수 열매의 가시는 밤송이 가시와 같은 역할을 해요. 가시칠엽수 씨앗은 우리가 먹는 밤송이와 비슷하게 생겼어요. 씨앗이 먹히면 새로운 나무가 생길 수 없으니 씨앗을 보호하기 위한 장치로 가시가 있는 거예요.

24. 불두화

불두화는 꽃이 달릴 때 아래쪽 꽃자루의 길이가 길고 위쪽 꽃자루의 길이가 짧아 전체적으로 둥그런 우산 모양의 꽃 모둠을 이루어요. 꽃송이는 나무 상태에 따라 다양해요. 동일한 나무의 꽃 뭉치들을 비교하면 꽃송이의 수가 다양한 것을 알 수 있어요. 많을 때는 100송이가 넘게 모여 있기도 하지요.

25. 아까시나무

식물의 가시는 어떤 식물은 줄기에서, 어떤 식물은 잎에서 유래해요. 아까시나무 가시는 턱잎이 변해서 된 것이고, 탱자나무 가시는 줄기가 변해서 된 것이지요. 대체로 식물의 가시는 그 식물을 먹으려는 동물로부터 스스로를 보호하기 위한 장치랍니다.

26. 찔레나무

꽃잎의 색은 꽃잎 속에 들어 있는 성분으로 결정돼요. 꽃뿐만 아니라 잎, 열매의 색도 마찬가지예요. 꽃이나 잎, 열매의 세포 안에는 화청소(안토시아닌)라는 색소 물질이 들어 있는데 산성에서는 붉은색을 띠고, 염기성에서는 푸른색을 띠어요. 따라서 붉은색 계통의 색이 나타나면 그 꽃잎 안의 성분이 산성이란 뜻이고, 푸른색이 나타나면 염기성이란 뜻이에요. 흰색은 아무 색소도 없다는 뜻으로 세포 안의 물이 빛을 산란해서 흰색을 띠게 하는 것이지요. 참고로, 노란색이나 주황색 계통은 카로티노이드라는 색소가 작용해서 나타나는 거예요.

27. 국수나무

국수나무의 새 가지는 대체로 적갈색이에요. 이 적갈색 가지는 세월의 흐름과 함께 점차 흰색으로 변해요. 국수나무 꽃은 흔히 새 가지에서 피기 때문에 주로 적갈색 가지에 피어 있는 것을 볼 수 있어요.

28. 장미

장미의 가시는 줄기 껍질이 변해서 생긴 거예요. 가시는 자신을 지키는 일종의 최종 방어선이라고 할 수 있어요. 가시가 아래쪽을 향해 있으면 몸 등을 아래에서 위로 빼낼 때 가시가 더욱 깊숙이 박혀 장미를 취하려는 동물들에게 더 큰 위협이 될 수 있어요. 오랜 진화 과정 속에서 적응한 결과물인 셈입니다.

29. 때죽나무

때죽나무 꽃뿐만 아니라 대체로 종 모양 꽃은 아래를 향해 피어요. 때죽나무 꽃은 향이 강한데 위쪽보다는 아래쪽으로 퍼져 나가는 것이 더 효과적이지요. 꽃밥 또한 아래를 향해 있어 비가 와도 어느 정도 보호받을 수 있고, 가루받이 곤충들이 아래로 들락거리도록 하여 꽃가루를 더 많이 묻게 한답니다.

30. 소나무

암수 솔방울의 성숙 시기가 다른 것은 한 개체에서의 유전자 결합을 억제할 수 있는 이점이 있어요. 동일한 유전자끼리의 근친 교배는 환경 변화에 적응하는 힘을 떨어뜨려요. 결국 다양한 유전자의 조합은 어떤 환경에도 살아남을 수 있는 확률을 높이는 좋은 번식 전략이랍니다.

31. 산딸나무

곤충을 가루받이에 이용하는 식물은 번식 성공률을 최대한 끌어올리기 위해 곤충들을 더 빨리, 더 많이 불러 모으려고 하지요. 그런 의미에서 꽃잎처럼 변한 산딸나무의 포엽은 나름 성공적인 번식 전략이라고 할 수 있어요.

32. 쪽동백나무

우리 선조들은 동백나무를 비롯해 쪽동백나무, 때죽나무, 생강나무 씨앗에서 짜낸 식물성 기름을 이용했어요.

오늘날에도 화장품 등에 이용되고 있는데 특히 두피와 피부의 수분을 보존하는 데 효과가 뛰어나다고 해요. 이 식물성 기름에는 올레산, 리놀레산, 오메가 지방산 등 여러 종류의 성분이 많이 들어 있어요.

33. 튤립나무

튤립나무 수술의 꽃밥은 대체로 작은 것은 2센티미터에서 큰 것은 7센티미터쯤 돼요. 꽃밥의 크기가 크면 그만큼 가루받이 곤충의 눈에 잘 띄일 것이고, 그렇게 되면 꽃가루가 곤충의 몸에 상대적으로 손쉽게 묻는다는 장점이 있어요.

34. 인동덩굴

인동덩굴은 대부분 오른쪽, 곧 시계 방향으로 감아 올라가지만 그 반대로 올라가는 경우도 있어요. 등나무는 시계 방향으로, 칡은 시계 반대 방향으로 감아 올라가지요. 이들과 비교하면 인동덩굴은 대체로 등나무와 같은 방향으로 감아 올라간다고 할 수 있어요.

35. 족제비싸리

족제비싸리의 가지와 줄기를 문지르면 마치 족제비의 항문에서 나는 것과 같은 고약한 냄새가 난다고 해요. 흔히 식물은 성장하는 과정에서 새로운 물질을 만들어 곤충을 불러 모으거나, 자신을 먹이로 하는 동물을 물리치는 방어용 등으로 활용해요. 족제비싸리가 풍기는 고약한 냄새도 자신을 먹으려는 동물에 대한 방어용 무기인 셈이에요.

36. 쥐똥나무

꽃잎 색이 흰색이라는 것은 붉은색이든 파란색이든 노란색이든 그 꽃잎 색이 나타나게 하는 색소 물질을 만들지 않기 때문이에요. 색소 물질을 만들기 위해서는 그만큼 에너지를 많이 써야 하는데 흰색 꽃을 피우는 나무들은 색소 물질을 만드는 것보다 꽃송이를 만드는 데 에너지를 쏟는 전략을 세워 번식해요.

37. 수국

토양에 따라 수국 꽃잎 색이 달라지는 것은 사실 수국이 알루미늄을 흡수하는 정도가 달라져서 나타나는 현상이랍니다. 산성 토양에는 알루미늄 성분이 많이 들어 있는데, 이 알루미늄 성분이 식물체로 흡수되어 꽃 색을 나타내는 붉은색 화청소인 안토시아닌을 만나 결합하면 꽃이 푸른색을 나타냅니다. 반대로 염기성 토양에는 알루미늄 성분이 적거나 거의 없어서 본래의 붉은색의 안토시아닌이 꽃 색에 나타납니다.

38. 사철나무

겨울이 되어 섭씨 0도 이하가 되면 식물 잎에 들어 있는 물이 얼어 부피가 커지면서 식물 잎의 세포들이 터져요. 이런 추위를 극복하기 위해 활엽수처럼 잎이 넓은 식물은 잎을 떨어뜨리는 방법을 활용해요. 사철나무처럼 겨울에도 푸른 잎이 달리는 식물에는 잎이 얼지 않게 하는 장치가 있어요. 잎의 세포 안에 부동액 성분이 있어서 얼지 않는답니다.

39. 해당화

꽃의 상태나 크기에 따라 다를 수 있으나 해당화는 대체로 꽃 한 송이에 약 200개의 수술이 있어요. 수술의 수가 많으면 그만큼 가루받이를 하는 곤충들을 많이 불러 모을 수 있고, 그로 인해 가루받이의 성공률은 더 높아질 수 있어요.

40. 모감주나무

모감주나무 꽃은 전체적으로 노란색이지만 중심부는 빨간색을 띠어요. 모양도 나름 화려해서 아래를 향해 피기보다는 위쪽으로 활짝 피는 것이 노란색과 붉은색의 조화로운 모습을 과시하기에 좋을 거예요. 이러한 과시는 가루받이하는 곤충들의 눈에 더 잘 뜨일 것이므로 우수한 번식 전략이라고 할 수 있답니다.

41. 산수국

산수국의 파란 꽃잎 색은 산성 토양에서 자랐기 때문이고, 분홍색이나 붉은 꽃잎 색은 염기성 토양에서 자랐기 때문이에요. 따라서 분홍색 계통으로 꽃잎 색을 바꾸고 싶다면 토양을 염기성으로 바꾸면 되지요. 대체로 웃거름(씨앗을 뿌린 뒤나 모종을 옮겨 심은 뒤에 주는 거름)을 많이 주면 토양이 염기성으로 바뀌므로 분홍색 꽃을 볼 수 있답니다.

42. 꽃댕강나무

식물의 세계에는 대체로 꽃 색이 화려하면서도 향기가 강한 꽃, 꽃 색은 화려하지만 향기가 약한 꽃, 꽃 색은 평범한 흰색이지만 향기가 강한 꽃, 특정 곤충에게만 매력적인 향기를 가진 꽃 등 다양한 꽃 색과 향기가 있는 꽃이 존재해요. 꽃 색이 화려하면서도 향기가 강한 것은 주로 여러 종류의 꽃들이 경쟁적으로 필 때 자주 볼 수 있어요. 향기보다는 꽃 색이 화려한 것은 비교적 일찍 피는 꽃들, 예를 들어 산수유, 개나리, 생강나무 등에서 볼 수 있어요. 꽃 색이 화려하지 않지만 향기로 승부를 거는 것은 주로 밤에 피는 옥잠화 등에서 볼 수 있는데 이는 밤에 활동하는 특정한 가루받이 곤충과 시간을 맞추기 때문이에요. 인간에게는 썩은 냄새이지만 파리에게는 좋은 냄새로 인식되는 라플레시아 꽃의 냄새도 특정한 곤충과 연결된 꽃향기라고 할 수 있어요.

43. 자귀나무

꽃잎이나 꽃받침, 수술, 암술은 모두 잎이 기원이에요. 대체로 충매화는 가루받이할 때 곤충을 불러 모으기 위한 장치로 꽃잎을 활용하는데 자귀나무는 수술을 활용한다는 특징이 있어요. 꽃잎이 없는 대신 화려한 모습의 수많은 수술을 겉으로 드러나게 하여 가루받이 곤충을 유인함으로써 다른 식물과 차별화된 번식 전략으로 경쟁한다고 할 수 있어요.

44. 실유카

실유카는 낮에는 꽃을 잘 열지 않고 밤에 활짝 열어요. 이는 실유카의 가루받이가 밤에 활동하는 곤충들에 의해 이루어진다는 뜻으로 실제로 밤에 활동하는 나방이 가루받이에 참여한답니다.

45. 능소화

능소화의 수술은 4개로 그중 2개는 길고, 2개는 짧아요. 수술의 꽃밥 모양은 양 갈래로 갈라져서 마치 갈고리 모양의 낚싯바늘처럼 생겼지요. 이 때문에 능소화의 수술이 눈에 들어가면 낚싯바늘 모양의 수술로 인해 실명한다는 잘못된 이야기가 생겨나기도 했어요. 꽃가루도 갈고리 모양이 아니므로 실명할 걱정은 하지 않아도 돼요.

46. 회화나무

식물은 성장하면서 다양한 화합물을 만드는데 회화나무 꽃에는 루틴이라는 노란 색소가 많이 들어 있어 꽃 색이 노란색을 띠어요. 루틴은 사람들의 건강에 도움이 될 뿐만 아니라 해를 끼치지 않으면서 곤충을 퇴치하는 천연 살충 효과를 가졌다고 해요. 이처럼 사람들은 식물로부터 다양한 성분을 얻어 의약품이나 식량 자원 등으로 활용하지요.

47. 무궁화

무궁화 수술은 여러 개의 수술대가 하나로 합쳐진 기다란 수술대를 따라 배치되어 한 무더기로 뭉쳐 있어요. 이러한 방식의 수술 배치를 단체 수술이라고 해요. 무궁화의 가루받이는 주로 곤충에 의해 이루어지는데 꽃 속의 꿀을 먹기 위해 들락날락하는 사이에 단체 수술로 배치된 꽃가루를 곤충 몸에 잔뜩 묻혀 다른 꽃의 암술머리에 묻게 합니다.

48. 배롱나무

안쪽 수술들의 꽃가루를 곤충에게 제공하고, 이것을 먹는 사이에 중앙의 수술을 둘러싼 6개의 수술에 붙어 있는 꽃가루를 번식에 참여시키는 배롱나무의 전략은 모든 수술마다 번식용 꽃가루를 만드는 데 들이는 에너지를 줄일 수 있다는 이점이 있어요. 다시 말해 비용을 절감하면서 가루받이의 효율을 높이는 번식 전략이라 할 수 있지요.

49. 칡

칡 꽃잎 중 나비 모양의 붉은색 꽃잎 안쪽에 난 노란색 무늬는 꽃을 찾아오는 곤충에게 정확한 꿀샘의 위치를 알려 주는 길잡이 역할을 해요. 곤충들에게 꿀로써 보상하는 것을 정확하게 해 줄수록 가루받이의 성공 확률은 높아진답니다.

50. 누리장나무

누리장나무의 수술 4개와 암술 한 개는 사실 서로 성숙하는 시기가 달라요. 꽃이 피면 수술 4개가 길게 꽃가루를 내보이며 위를 향해 뻗어 나와 꽃가루의 존재를 알려요. 암술은 아직 성숙하지 않은 상태여서 밑을 향해 암전히 있지요. 시간이 지나 꽃가루를 다 날리고 수술의 역할이 끝나면 수술은 꼬불꼬불 말려 아래로 처지고, 암술이 길게 위쪽으로 치고 나와요. 성숙하는 시기를 달리하면서 제꽃가루받이를 피하는 생식 전략이 오랜 진화의 세월 속에 묻어 있는 셈이에요.

•하단 그림 출처: 프리픽(꿀벌 그림 제외)